기획 및 감수 **옥효진**

부산에서 초등학교 교사로 근무하며, 생활 속 금융 지식을 학교에서 가르치고자
'학급 화폐' 활동을 시작했다. 이 활동을 〈세금 내는 아이들〉 유튜브 채널에서
소개하며 많은 관심과 사랑을 받고 있다.
금융 교육의 필요성을 알리고 학생과 교사가 함께 즐거워하는 금융 교육을 선보이며,
2019년 대한민국경제교육대상 '상공회의소장상', 2020년 대한민국경제교육대상
'경제교육단체협의회 회장상' 등을 수상했다. 학급 화폐 활동에 대한 노하우를
나누기 위해 집필과 강연 활동을 열심히 하고 있다.

글 **최재훈**

학습 만화를 비롯해 교양서, 온라인 에듀테인먼트 게임 등 어린이와 청소년이 즐겁게
공부할 만한 다양한 콘텐츠를 만들고 있다. 어렵고 복잡한 내용도 쉽고 재미있는
이야기로 만들고자 항상 노력한다.
대표작으로 〈쿠키런 킹덤 퀴즈 원정대〉, 〈오마이갓〉, 〈와이즈만 첨단과학〉,
〈Live 과학 첨단과학〉, 〈헬로 마이 잡〉 시리즈 등이 있다.

그림 **안병현**

이야기에 어울리는 그림을 만들고, 괜찮은 이야기를 그리기도 한다. 그린 책으로
〈이상한 무인 가게〉, 〈방과 후 요괴반〉, 〈크리처스〉, 〈인 더 게임〉 시리즈가 있고,
단행본으로 『도티가 로그인합니다』 『위기의 역사』 『너에게서 온 봄』 등이 있다.
moosn.com

세금 내는 아이들의 생생 경제 교실 ③

기획 및 감수 **옥효진** 글 **최재훈** 그림 **안병현**

SANDBOX
STORY KIDS

차례

5학년 5반 삼다수 나라의 국민을 소개합니다!

오하니
경제를 싫어했지만, 어느덧 삼다수 나라의 어엿한 국민이 되어 나라 살림에 관심을 가진다. 그 어느 때보다 큰 위기와 변화를 맞이한 삼다수 나라에서 한몫을 단단히 해내게 되는데….

이민희
오하니의 절친한 친구로, 하니가 달라지는 모습을 누구보다 주목한다. 기자답게 삼다수 나라와 국민들에게 언제나 관심을 보이며, 발 빠른 소식통 역할을 잘하려고 노력한다.

남다름
삼다수 나라의 국무총리로, 심각한 위기 상황 속에서 국민들의 힘든 사정을 가장 먼저 헤아린다. 오하니가 긍정적으로 변화하는 모습을 눈치채고, 아무도 상상 못 했던 일을 벌이는데….

장현우
잘난 체하며 가르치기를 좋아한다. 하니와 민희 사이에 눈치 없이 자꾸 끼어들어 눈총을 받는다. 하지만 오하니의 태도가 바뀌게 되는 엄청난 사건이 생기는데….

담임 선생님

삼다수 나라의 대통령. 국민들이 나라 살림에 관심을 두도록 충격적인 사건을 일으키기도 하고, 어느 때보다 어려운 나라 살림 때문에 큰 결단도 내린다.

이시우

삼다수 나라의 사회부총리. 새로 도입되는 보험을 안내하는 중요한 역할도 맡게 된다.

한지영

삼다수 나라의 경제부총리. 나랏일을 열심히 하던 중에 새로운 변화를 맞이한다.

최고비

삼다수 나라의 국세청장으로 계산이 정확하고 빠르다. 나라 살림에 누구보다 걱정이 많다.

김동희

현우도 부러워할 만큼 좋은 자리를 분양받는다. 하지만 삼다수 나라에 닥친 위기에 좌절한다.

이나래

도장 찍는 걸 좋아해서 삼다수 나라의 은행원이 되었다. 기록하는 것도 좋아한다.

최혁

삼다수 나라의 음식 쓰레기 줄이기 운동에 기발한 아이디어를 내놓는다.

자리도
사고팔 수 있다!

오늘은 즐거운 가을 소풍~!

하니야, 너무 속상해 말고 신나게 놀자~ 놀이동산에 왔잖아~

민희야, 내 꿈의 자리를 놓친 게 너무 아쉬워….

팔랑

팔랑

훅

하지만 내 마음은 무겁기만 하다. 왜냐하면….

이젠 그 자리에 영원히 못 앉을 수도 있다고~!!

이 소리는…

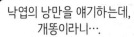

낙엽의 낭만을 얘기하는데, 개똥이라니….

오늘 추첨일인데, 예감이 안 좋네….

하니야, 잘 닦은 거 맞아? 어디서 개똥 냄새가….

정확히 말하면, 개똥이 아니라 고양이 똥이거든. 어쨌든 싹싹 닦았다고!

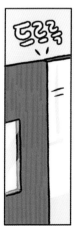

난 언제 저런 자리에 앉아 보나….

어쩌면 그날이 오늘이 될지도 모르지.

＊중대 발표 중요한 일을 세상에 널리 알림.

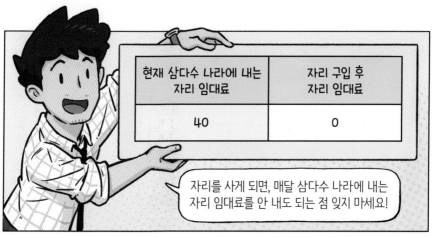

현재 삼다수 나라에 내는 자리 임대료	자리 구입 후 자리 임대료
40	0

자리를 사게 되면, 매달 삼다수 나라에 내는 자리 임대료를 안 내도 되는 점 잊지 마세요!

그럼 대통령님, 제 자리를 다른 사람에게 빌려주면 미소를 벌 수 있나요?

역시 장사와 투자의 신, 장현우! 예리하군요~ 물론 가능합니다!

그게 된다고?

엥?!

벌떡

자리를 다른 사람에게 팔거나 빌려줘도 됩니다. 팔 때는 삼다수 나라에서 정한 금액에 팔고, 빌려줄 때도 나라에서 정한 대로 *임대료를 받을 수 있어요. 이걸로 추가 소득을 얻을 수 있지요. 물론 이 소득 역시 세금을 내야 합니다.

삼다수가 아니라 다른 사람한테 임대료를 낸다고?

자리가 많으면 엄청 부자 되겠네~

미소가 많아야 자리를 사지. 힝~

그러게~

*임대료 다른 사람에게 물건이나 건물 등을 빌려주는 대가로 받는 돈.

제17장 자리 정하기

제27조 ① 모든 국민은 1인당 한 자리를 배정받는다.

② 자리는 매달 한 번 추첨을 통해 배정한다.

③ 자리를 사용한 대가로, 자리의 주인(국가 또는 개인)에게 2주마다 자리 임대료를 지불한다.

④ 정해진 비용을 지불하면, 국가 또는 개인으로부터 자리를 구매할 수 있다.

⑤ 자리 임대료와 자리 판매 금액은 나라에서 정한 금액을 초과할 수 없다.

쉬는 시간

그럼 나도 분양받은 자리 말고, 자리를 하나 더 사서 임대료란 걸 받아 볼까?

임대료

곰곰...

김동희! 그건 나처럼 자리를 두 개 살 만큼 능력 있는 사람이나 하는 고민이야~

흥!

너무 심한 *팩트 폭격이잖아! 말도 못 하냐!

타격 태격

솔깃!

하니야, 아직 남은 자리 중에 괜찮은 거 사 볼까?

난 못 사. 알잖아…. 박람회 입장권 사느라 700미소나 쓴 거….

하긴 나도 초코집에 쏟아부은 미소 때문에 꿈도 못 꾸지….

흠흠

박람회 대신 자리를 샀어야 했나…

후웅…

두 마리 토끼를 다 잡을 순 없는 법!

미소

*팩트 폭격 사실(fact, 팩트)을 근거로 지적해서, 상대 마음에
폭탄 맞은 것처럼 큰 타격을 줌.

왜 안 끼어드나 했다, 장현우!

내 말이. 이젠 안 보이면 허전하다니까.

둘 다 나를 기다리고 있었다니, 감동인데~

오ㅋㅋ

지금 오하니의 상태에 딱 맞는, 네 글자 경제 용어가 있는데 알려 줄까?

잉? 내 상태를 표현하는 경제 용어??

어때? 완전 궁금하지? 알려 줄까~ 말까~~

솔깃

저 얄미운 장현우의 기를 살려 주긴 너무 싫지만…. 그래도 궁금해….

윽

부들 부들

*뜸 들이지 말고 어서 말해! 그 경제 용어란 게 뭐지!!!

진정해~ 지금 말해 줄 테니까~

너야아아옹~

워워~

빨리 말하는 게 좋겠다, 장현우~

쿡쿡

＊뜸 들이다 말하거나 일할 때, 여유를 가지려 잠시 가만히 있는 것.

20

이럴 때 쓰는 말이 바로, 기회비용!

K-POP 공연

월드컵 축구 중계

기회비용
보통 가진 돈이나 시간의 한계 때문에, 원하는 것을 모두 선택할 수 없다. 이때 포기한 선택 중에서 가장 가치가 큰 것을 기회비용이라고 한다.

예를 들어, 보고 싶은 축구 경기와 K-pop 공연이 똑같은 시간에 해. 그래서 K-pop 공연 볼 기회를 포기하고, 축구 경기를 보기로 선택했어.

이때 다른 선택을 포기한 가치를 비용으로 헤아린 게, 기회비용이야.

캐릭터페어

VS

창가자리

둘 다 너무 행복한 일인데! 기회비용으로 따지면, 어떤 게 더 이득일까?

너무 어려운 질문이당…. 기회비용 따윈 잊고 싶엉….

기회비용~ 기회비용~ 기회비용~

큭 큭

움직이지 않는 재산, 부동산

삼다수 나라에 부동산 거래 제도가 도입되었어요! 이제 국민들에게 부동산 재산이 생긴 거예요. 재산은 소유한 땅, 집, 돈, 금 등 경제적 가치가 있는 것을 뜻해요. 재산에 대해 조금 더 자세히 알아볼까요?

재산의 종류

부동산은 토지나 건물처럼 움직일 수 없는 재산이야.

동산은 돈이나 주식처럼 움직일 수 있는 재산이지.

지식 재산은 재산 가치가 있는 지적 활동을 뜻해. 저작권처럼 형태가 없어.

부동산에도 세금이 있어요!

삼다수 나라에서 부동산은 자리예요. 실제로는 논, 밭, 산, 도로와 같은 **토지** 그리고 주택, 상가 같은 건물 등이지요.
부동산은 큰 재산이라 세금도 많아요. 소유하기만 해도 **재산세와 종합 부동산세**를 내야 하지요. 구입할 때는 **취득세**, 팔 때는 **양도세**를 내고, 다른 사람에게 빌려줘서 임대 소득이 생기면 **임대 소득세**를 내야 한답니다.

주택 청약 제도가 뭐예요?

주택 청약 제도는 새로 지은 아파트를 분양할 때 신청하는 제도예요. 청약 통장에 가입한 뒤 일정한 조건을 갖춰야 신청 자격이 생기지요. 일반적으로 신규 아파트 분양가는 주변 부동산 가격보다 저렴한 편이라서 인기가 많아요.

주택 청약, 어떻게 당첨될까?

주택 청약 당첨은 내 집 마련을 위한 아주 좋은 기회로 여겨져요. 그래서 경쟁이 치열할 때가 많답니다. 청약 당첨 확률을 높이려면, 청약 점수를 높이는 것이 중요해요.

청약 점수 높게 받는 조건
1 청약 통장을 오래 유지
2 *부양가족이 많은 경우
3 해당 지역에 오래 거주
4 *무주택 기간이 긴 경우

아파트를 분양받으면, 공사 기간 동안 여러 차례 나눠서 아파트 비용을 치르게 돼요. 돈을 마련할 수 있는 시간이 일반 매매보다 훨씬 길다는 장점이 있어요.

청약 통장은 어떻게 가입할까?

가장 대표적인 청약 통장은 주택 청약 종합 저축이에요. 국내에 거주하는 개인이라면 누구나 은행에 가서 이 통장을 만들 수 있는데, 한 사람당 딱 한 계좌만 가능해요. 2만 원에서 50만 원까지 정한 금액을 매월 일정한 날짜에 납입하다가, 청약에 당첨되면 해지해요.

주택 청약에 관심 있는 사람은 청약 통장을 만들어 두세요!

*부양가족 생활 능력이 부족해서 돌봐야 하는 가족.
*무주택 재산으로 소유한 집이 없음.

기회비용이 궁금해!

삼다수 척척박사 현우가 알려 준 기회비용은 사실 우리 일상에서 흔히 발생하는
비용이기도 해요. 삼다수 국민의 일상에서 생긴 기회비용을 살펴보고, 어떻게 해야
경제적으로 가장 현명한 선택을 하는 것인지 생각해 보아요.

30미소로 간식을 사러 갔어.
초코집 30미소, 새우빵 20미소,
젤리 10미소더라고. 난 고민하다가
결국 초코집을 샀어! 그러니
기회비용은 20미소짜리 새우빵을
먹을 때 얻었을 만족감이겠지?

기회비용은
내가 포기한 것 중에
가장 가치가 큰 걸
뜻한다고~

내 꿈의 자리를 사고 싶었지만,
박람회도 너무 가고 싶었어.
가격은 각각 700미소. 박람회를
선택했으니, 내 기회비용은 꿈의
자리를 샀을 때의 만족감이겠군.

선생님! 기회비용을 따졌을 때, 가장 좋은 선택은 뭐예요?

갖고 싶은 걸 다 가질 순 없어요. 그러니 만족감이 가장 높은 것을
선택하는 게 바람직하지요. 다만 사람마다 느끼는 만족감이 다르니까,
최선의 선택이 누구에게든 똑같지는 않을 거예요.

좋은 자리의 조건

여기 이 자리 말이야~
칠판이 잘 보이지도
않을 텐데….

그러네. 정말 이상하네….
창가도 아니고, 구석도 아니고….
가격이 싸다면 모를까, 자리 가격은
다 똑같잖아?

아냐, 이런 거 궁금해하지 말자!
그 녀석이 또 나타날지 몰라….

절레

절레

혹시 나 불렀어? 귀가 가렵네~

팡!

불쑥

아차차!
눈발 늦었네….

딱 보니까, 궁금한 거 있지?
어서 이 장현우한테
물어보시지~

쳇!

눈치는 빨라 가지고.
그래도 궁금한 건 못 참아!

27

이 자리 말이야. 좋아 보이지도 않는데, 왜 샀는지 너무 궁금해~

그 자리는 단점만큼 장점이 아주 분명하지.

장점? 이 자리에? 아무 말이나 막 지어 내는 거 아니지?

내가 늘 말하잖아~ 세상을 좀 넓게 보라고~

흥흥...

쿠아앙

잘난 척 그만하고 빨리 말해!!

오하니, 점점 난폭해지는 듯~

쿡쿡

저 자리 바로 뒤에 뭐가 있어?

휙

휙

있긴 뭐가 있어. 사물함밖에 없는데.

아하!

그거였구나! 사물함!!

빙고!

역시 이민희~ 날카로운 기자의 눈을 가졌다니까!

손만 뻗으면 사물함이 닿으니까, 물건을 넣고 빼기 편하겠지? 한마디로 근린 생활 시설이 가까워서 좋다는 말씀!

근린 생활 시설

건축물 쓰임 분류 중의 하나. 사람이 사는 주택이 아니라 마트, 식당, 세탁소, 학원, 병원 등 생활이 편리하도록 돕는 시설을 뜻한다. 파출소, 소방서, 도서관 같은 공공시설도 포함된다.

자주 이용하는 시설이 가까이 있으면 편하잖아~!

파출소
빵집
병원
MART
마트
도서관

역시 팔리는 자리엔 이유가 있었네~

깔끔하게 인정! 내가 세상을 너무 좁게 봤어.

흠, 빠른 인정~ 좋다, 좋아!

그럼 내가 가리키는 자리는 왜 팔렸는지 한번 맞혀 볼래?

바로 여기~

흐음…

이 자리를 산 이유라….

29

저 자리 말이지?

저기는 뒤에 책상이 없으니까 공간이 여유롭네.
마치 전원주택 같은 느낌이랄까?

뭔가
그럴듯한데?

오하니가
웬일?

오~

오~

저 자리 주인이 누군지,
내가 빨리 가서 알아 올게~

후다다 다닥

쿵 쿵

소오름~ 그 자리 말이야.
부총리인 한지영이 샀대.

혼자 있는 걸 좋아하는,
바로 그 한지영?

하나를 가르쳤더니 두 개를
깨달으셨군요~ 오하니, 아주 칭찬해!

뭐, 칭찬 들으니
기분은 좋네~

음~

크큭

각 자리의 장단점을
알아보는 일은 생각보다
재미있었다.

교실 한가운데 자리는 에어컨 겸 온풍기가 있어서, 한여름이나 한겨울에 짱이지!

선생님 바로 앞자리는 모니터 때문에 앞이 잘 안 보이지만, 선생님 눈을 피하기엔 좋은 자리고. 단점이 곧 장점인 셈이야.

너희들, 드디어 '입지 조건'을 이해했구나!

입지 조건? 그건 또 뭐야?

입지 조건

건물이나 토지가 지닌 주변 환경의 조건을 말한다. 지형, 경치 같은 자연적인 입지 조건도 있고, 교통이 편리한지, 교육 환경이 좋은지, 직장이 얼마나 가까운지 등의 조건도 중요하다.

높은 산이 추운 바람을 막아 주고, 강이 흘러 땅이 기름지니, 입지 조건이 정말 좋구나!

! 아하~ !

그런데 저 자리는 도대체 누가 샀을까?

입지 조건이 너무 안 좋은 것 같은데?

그거 내가 산 자리야.

엥?

진짜?

왜 창가나 에어컨 자리를 안 사고 저런 자리를 산 거야?

왜긴 왜야, 돈이 많아서 *허세 부리고 싶었나 보네.

부동산 구매 계약서도 있지.

짜잔!

부동산 구매 계약서

구매자 장현우는 삼다수 나라로부터 부동산을 구매한 계약을 아래와 같이 맺는다.

[계약 내용]

구매자 정보	세내아 초등학교 5학년 5반 이름 : 장현우
주소	세내아 초등학교 5학년 5반 5분단 1번째 줄
구매 내용	책상 1개, 의자 1개
구매 금액	700미소

구매자는 부동산에 대한 구매 금액을 정확히 납부하였으므로, 위의 부동산 구매 계약서에 근거하여 5학년 5반 5분단 1번째 줄 자리가 장현우의 소유임을 증명함.

XXXX년 XX월 XX일
삼다수 나라 대통령

＊허세 진짜 알맹이는 없이 겉으로만 좋아 보이는 것.

32

자, 모두 새로운 자리로 잘 이동했지요?

왜 슬픈 예감은 틀린 적이 없는지…

대통령님 바로 앞… 여긴 아니라고 봐.

두둥

흑

하니와 민희 국민~ 얼굴 표정이 왜 그래요? 어쨌든 한 달 동안 잘 지내봅시다~

교실 바닥 밑으로 들어가 버리고 싶다. 진심~

아… 네….

쉬는 시간

장현우가 산 자리가 왜 자꾸 생각나냐…?

오하니, 너도…?

자리를 공동으로 임대해 달라고?

＊임대 계약 집, 차, 물건 등을 빌려주고 일정한 비용을 받겠다는 내용으로 하는 계약.

응. 우리 둘 다 그 자리를 원하거든.

그래서 반반씩 내고, 2주일씩 쓰려고~

음, 좋아! 그럼 *임대 계약을 작성해 볼까?

부동산 임대 계약이 이뤄지는 현장이라면, 이 공인 중개사가 나서야겠군요!

공인 중개사요??

공인 중개사는 토지나 건물을 매매하거나 임대할 때 전문적으로 일을 처리해 주는 사람입니다. 그럼 제가 잠시 공인 중개사로 변신할게요~

선생님이 대통령에, 공인 중개사까지!!

획기적 전환!

일종의 *부캐라고 할 수 있죠. 자리를 빌려주는 장현우 국민에게 자리를 빌려 쓰는 오하니와 이민희 국민이 각각 20미소씩 한 달에 40미소를 내면 됩니다.

하하하하

잠시 뒤

그렇게 좋아?

응! 생각보다 훨얼씬~

*부캐 게임에서 주로 쓰는 캐릭터 외에 사용하는 '부 캐릭터'를 줄여서 부르는 말인데, 요즘은 평소 내 모습이 아니라 새로운 모습으로 행동하는 것을 가리키는 말로 널리 쓰임.

부동산 입지 조건, 그것이 알고 싶다!

삼다수 나라에서 많은 국민이 원하는 '인기 자리'가 있는 것처럼, 실제 부동산도 마찬가지예요. 입지 조건은 부동산 가격에 매우 큰 영향을 끼치지요. 입지 조건을 좀 더 자세히 살펴볼까요?

인구수와 일자리

일자리가 많은 곳에는 사람들이 몰려와 살아요. 출퇴근하기 편하니까요. 회사가 많은 서울과 수도권의 부동산 가격이 높은 이유죠.

교육 환경

학교 다니기 편리하거나, 가까운 데 학원들이 몰려 있으면 공부하기 좋은 환경이라고 평가받아요.

교통 환경

교통이 편리한 곳일수록 입지 조건이 좋은 곳이에요. 특히 전철역이 가까울수록 인기가 많아요.

생활 환경

편의점, 카페, 병원, 약국 등이 근처에 있으면 생활하기 편리해서 사람들이 살고 싶어 해요. 현우가 설명한 근린 생활 시설들이지요.

자연환경

산책이나 운동할 만한 공원이 근처에 있어도 좋은 평가를 받아요. 또 같은 아파트라도 풍경이 좋으면, 부동산값이 더 비싸요.

다양한 부동산 거래 방식

삼다수 나라에서는 부동산 거래 제도가 생겨나 자리를 구매하거나 임대했어요.
그럼 실제 부동산 거래는 어떻게 할까요?

주택 거래 방식

매매
집을 사고파는 것.
소유주가 바뀜.

전세
전세금을 맡기고 집이나
방을 빌리는 것. 계약된 기간이
끝나면 전세금을 다시 찾아감.

월세
집이나 방을 빌리고
다달이 돈을 내는 것.

집값은 왜 오를까?

- 비용 상승 집을 짓는 데 필요한 재료 가격이나 인건비 같은 공사 비용이 상승하면
  집값이 올라요.

- 수요와 공급의 법칙 집을 사려는 사람 수(수요)에 비해 살 수 있는 주택의 수(공급)가
  부족하면 집값이 올라요.

- 부동산 시장의 활기 집값이 올라 부동산 거래가 활발해지면, 이 영향으로 집값이 더
  오르기도 해요.

- 금리 정책의 영향 금리가 낮으면, 대출 이자 부담이 적어져요. 그러면 부동산을 사려는
  사람이 늘고 집값은 올라가지요.

잠깐

부동산 정책은 정부의 중요한 경제 정책 중 하나!
부동산은 사람이 살아가는 데 기본적으로 필요한 요소인 의(옷), 식(음식), 주(집) 중에 하나예요.
그래서 정부는 '국민 주거의 안정성'을 위해 부동산 정책을 중요한 경제 정책으로 다루지요. 부동산
가격이 지나치게 오르거나 떨어지는 것을 막고, 적정 가격을 유지하도록 노력을 많이 해요.

부동산 거래 과정

학교랑 가까우면 좋겠다!

| 현재 자산 파악하기 | → | 이사 갈 동네를 둘러보기 | → | 부동산 중개소나 인터넷에서 *매물 확인하기 |

부동산 거래에 필요한 자금이 부족하면, *대출을 얼마나 받을 수 있는지 확인해요!

공인 중개사는 집을 소개하고, 부동산 계약을 진행하는 일로 중개 수수료를 받아요.

공인 중개사와 함께 집 보러 다니기

| 매매 계약 완료 | ← | 거래 *대금 납부 | ← | 부동산 거래 계약 |

부동산은 매매 금액이 크기 때문에, 보통 계약금, 중도금, 잔금으로 세 차례 정도 나눠서 납부해요.

드디어 내 집 마련!

가즈아~

축하해! 그리고 세금 내는 것도 잊지 마~

*대출 돈이나 물건을 빌리는 일로 경제생활에서는 은행에서 돈을 빌리는 것을 주로 뜻함.
*매물 팔려고 내놓은 물건.
*대금 물건값으로 치르는 돈.

38

미래를 준비하는
보험

*설마가 사람 잡는다 '그럴 리 없겠지'라고 마음을 놓을 때 오히려 문제가 생긴다는 뜻. 그러니 미리 모든 것을 준비하는 게 좋다는 말.

고용 보험

일자리를 잃었을 때, 미소를 지원해 드립니다.

◆ 보험 약관
이 보험은 피보험자(가입한 사람)가 일자리를 잃게 되었을 때, 피보험자에게 *보험금을 지급하는 상품입니다.

일자리를 잃었을 때 지급되는 보험금은 아래와 같습니다.
• 매 월급에서 10미소를 원천 징수하고, 실직했을 때 2회에 한해 50미소를 고용 보험금으로 지급합니다.
                ……
• 이 보험에 가입한 날로부터 28일 이후에 일자리를 잃었을 경우 보험금을 지급합니다.
                ……
• 학년이 끝날 때까지 일자리를 잃지 않더라도 *보험료는 돌려주지 않습니다.

*약관 계약을 하기 위해 미리 작성한 계약 내용.

*보험금 계약에 따라 사고가 발생했을 때, 피보험자가 받는 돈.
*보험료 피보험자가 보험 계약을 위해서 내는 일정한 돈.

삼다수 특종이요!

오예!

특종!

놀라라!

찰랑

방 방

풀짝 풀짝

하니야~ 완전 특종이야! 특종!

도대체 무슨 일인데 그렇게 호들갑이야.

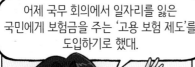

어제 국무 회의에서 일자리를 잃은 국민에게 보험금을 주는 '고용 보험 제도'를 도입하기로 했대.

고용 보험?

이민희 기자님, 그거 특종 아니야. 저기 게시판에 붙어 있거든.

웅성 웅성

어… 실제 상황이냐…?

실망입니다, 이민희 기자님.

젠!

이시우, 빨리도 공지했네.

고용 보험을 시작으로, 삼다수 나라에 본격적으로 보험의 시대가 열리게 됐거든. 각종 보험을 파는 판매원 같은 거야.

국무 회의에서 결정하자마자 바로 공지했으니까. 그리고 내가 보험 설계사도 담당하기로 해서 잘 아는 거지~

보험 설계사?

특종은 여기 있었네!

오호라!!

삼다수 나라 국민들이 실업에 대한 걱정이 많단 얘기를 들었습니다. 여러분의 걱정을 조금이나마 덜기 위해서 국무 회의에서 고용 보험 제도를 도입하기로 했습니다.

그게 좋은 건가?

그게 뭐야?

고용 보험?

고용 보험에 대해 자세히 알려 주세요!

고용 보험에 대한 자세한 안내는 사회부총리인 이시우 님이 설명할게요~

살다 보면 여러 가지 어려움을 겪거나 사고를 당하기도 해요. 보험은 이런 미래의 위험을 미리 준비하는 방법인 셈이죠.

보험

갑작스러운 사고, 질병, 실업과 같은 어려움에 부딪힐 때, 경제적으로 도움받는 제도. 아플 때 병원비를 지원받는 의료 보험이나 교통사고가 났을 때 도움받는 자동차 보험 등이 대표적이다.

잠시 뒤

반응이 이렇게 뜨거우니, 준비해 온 다른 보험들도 소개해 볼까요?

다른 보험? 뭐가 더 있어?

왔어요~ 왔어! 보험이 왔어요~ 날이면 날마다 오는 보험이 아니에요!

웅성 웅성 웅성 웅성

뻥!

호잇!

체육 취소 보험
야외 체육 수업이 취소되면, 1회에 한해 보험금을 지급해 준다. 보험료는 20미소.

난 체육 취소 보험 간다!
나도! 나도!

에취

신종 바이러스 보험
신종 바이러스 때문에 학교에 못 나올 때 생기는 피해를 보상해 준다. 단, 병원에서 진료받은 확인서가 필요하다.

콜록! 독감도 보험이 되나?

헛! 내 실내화!

물건 분실 보험
교실에서 물건을 잃어버렸을 때 일정한 금액을 보상해 준다. 보험료는 20미소이고, 보험금이 지급되면 자동으로 해지된다.

일주일 뒤, 점심시간

조금 전까지만 해도 해가 쨍쨍했는데….

비가 오다니. 그것도 폭우가…!

오늘 오후에 있을 체육 수업은 교실 체육으로 대체됩니다. 참고하세요~

난 일주일 동안 체육 시간만 기다려 왔다고~ 하늘이 무너져 내린 기분이야.

잘됐지 뭐야~ 땀도 안 흘리고, 편하게 앉아 있어도 되니, 이게 바로 *일석이조!

안 돼!!

아악! 아아아악

헤헤헤 아싸!

아~ 정말~ 실망이야! 교실 체육이라니~

잠깐! 저번에 체육 취소 보험에 가입했는데. 그럼 보험금이 나오지 않나?

맞다! 나도 가입했어!

야외 체육 수업 못 하면 보험금 준다던, 바로 그 보험 말이지?

*일석이조 돌 하나로 새 두 마리를 잡는단 뜻으로, 동시에 두 가지 이득을 본다는 말.

체육 취소 보험금 타러 왔어요!

야외 체육 수업이 취소됐으니까, 보험금 나오죠?

잠깐만, 보험 약관을 좀 살펴보고 말해 줄게요.

미안하지만 보험금 지급이 어렵겠는데요?

왜 지급이 안 돼요?

보험 약관에 따르면, 이런 경우엔 보험금을 줄 수 없대요~

그런 법이 어딨어!!

획

체육 취소 보험 약관

......

*우천이나 미세 먼지 등 기상 현상으로 인해 취소되었을 경우, 보험금을 지급하지 않습니다.

......

야외 체육 수업이 취소된 날로부터 3일 이내에 보험금 지급을 요청해야 합니다.

......

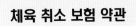

이건 꿈일 거야!

부들 부들

맞다. 처음 가입할 때, 이걸 읽어 보라고 했지⋯. 이런 말이 있었구나⋯.

글자가 빼곡해서 읽어 볼 생각도 안 했는데⋯.

*우천 비가 오는 날씨.

우린 망했어.

운동도 못 하고, 보험금도 못 받고.

우리가 든 고용 보험도 저런 조건이 있는 건가?

당장 확인해야지, 보험 약관!

실업하지 않으면, 그동안 낸 보험료를 돌려받지 못 한다니, 이건 좀 아니지 않나요?

그럼 일부러 실업을 해야 하나….

고용 보험 약관

......

• 이 보험에 가입한 날로부터 28일 이후에 일자리를 잃었을 경우 보험금을 지급합니다.

......

• 학년이 끝날 때까지 일자리를 잃지 않더라도 보험료는 돌려주지 않습니다.

그래도 직업이 있는 게, 실업자가 돼서 고용 보험금을 받는 것보단 훨씬 나을걸요? 보험금을 계속 받을 순 없으니까요.

그렇네요. 혹시나 실업자가 될지도 모른단 불안감이 덜한 것만으로도 확실히 고용 보험은 가치가 있긴 하네요.

호음~

최초의 보험

불타는 도시

1666년 9월 2일 새벽, 런던의 어느 빵집에서 불길이 치솟았다. 거기서 시작된 불길은 5일 동안 타오르며 시내 가옥의 80%를 태웠다. 주택 1만 3,000채, 교회나 관청 같은 공공건물 88채, 심지어 대성당도 화염에 사라졌다. 런던 시민들은 어마어마한 충격에 휩싸였고, 재앙이 또 일어날지 모른다는 두려움이 생겼다. 하지만 그대로 주저앉지 않고, 대책을 마련하기 위해 고민하기 시작했다.

화재 보험의 탄생

이때 고민한 결과가 오늘날까지 이어지는 '화재 보험'의 시작이 되었다. 1667년, 치과 의사 니콜라스 바본은 국왕의 명을 받아 대화재를 대비하고, 화재 피해자들을 구제하기 위한 사무실인 '화재 사무소'를 열었다.

 화재가 발생하면 피해를 보상해 드립니다!

다양한 보험의 등장

화재 사무소는 폭발적인 인기를 누렸다. 덕분에 자연스럽게 다른 보험들도 생겨났다. 대비하고 싶은 위험이 화재만 있는 게 아니었으니까!

갑자기 죽으면, 남은 가족들은 어떡하지?

생명 보험

갑작스런 사고를 대비하려면?

사고 보험

보험이 생겨나면서, 사람들의 인식에 큰 변화가 일어났어요. 바로 재앙에 대비하게 된 거예요. 이전에는 재앙이나 재난을 '어쩔 수 없는 운명'이라고 여겨 왔지만, 이때부터 사고에 대비하겠다는 적극적인 자세로 바뀌었어요.

슬기로운 보험 생활

다양한 보험

암 보험
암에 걸렸을 때
드는 의료비나, 투병
때문에 줄어든 수입을
보상받는 보험.

자동차 보험
자동차 사고로
사람이나 물건에
손해 끼치는 것을
대비하는 보험.

어린이 보험
어린이가 각종
사고당할 때를
대비하는 보험.

보험, 이것이 궁금하다!

보험을 통해 얻는 게 뭐예요?

예상치 못한 사고가 일어났을 때, 금전적으로 보상받을 수 있어요.
또 미래에 발생할지 모르는 경제적 손실을 대비함으로써 안정감을
얻게 되지요.

보험은 많으면 많을수록 좋을까요?

아니요! 보험료는 사고나 질병이 발생하지 않으면 돌려받지
못하는 게 대부분이에요. 그렇기 때문에 잘 판단해서, 꼭 필요한
보험만 드는 게 좋아요. 단, 자동차 보험이나 건강 보험처럼 반드시
가입해야 하는 보험도 있어요.

보험료를 낮추는 방법이 있을까요?

건강하거나 사고 없이 안전하게 지내면, 보험료를 더 적게 낼 수
있어요. 또 같은 내용이라도 보험사마다 보험료가 다르니까,
가입 전에 잘 비교해 보세요.

내가 만드는 보험

삼다수 나라의 '체육 취소 보험', '신종 바이러스 보험', '물건 분실 보험' 등을 떠올려 보세요. 이처럼 삼다수 나라에 필요한 보험이 더 있을까요? 상상해서 아래에 적어 보세요.

보험 이름은 무엇인가요?

어떤 경우에 필요한 보험인지, 자세히 적어 보세요.

보험료는 얼마가 적당할까요? 또 보험금으로 얼마를 받게 될까요?

실업한 국민에게 큰 도움이 될 보험이에요~

잠깐

삼다수 나라의 고용 보험 들여다보기!
① 정부가 매 월급에서 보험료를 원천 징수한다.
② 일자리를 잃은 경우에만 지급한다.
③ 일자리를 잃었을 때 2회에 한해 지급한다.

52

대통령
세금 횡령 사건!

쉬는 시간

급하게 오느라 화장실도 못 들렸네. 1교시 동안 참다 죽을 뻔.

어? 대통령님이다.

오하니, 오늘 아침에 과속 경고 받았죠? 조금만 일찍 일어나면 그런 일은 없을 텐데 말이죠~

그때까지는 별일 아니라고 생각했다.

*발 없는 말이 천리를 간다더니, 소문이 엄청 빠르네요~

냠냠

코집

아하하 하하…

대통령님이 계속 과자를 먹는 게…

가을 분위기로 좀 바꿔 볼까?

좋은 생각이네요. 낙엽도 좀 붙이면 좋겠어요.

오물

과자를 또 드세요?

오물

CHIP

*발 없는 말이 천리를 간다 입에서 나오는 말은 발이 없어도, 달리는 말보다 더 빠르게 퍼진다는 뜻.

55

그렇게 놀랄 일이야?

이상하네. 나 도매상이잖아? 대통령님이 과자를 사 간 적은 없는데.

우리 슈퍼에서도 산 적 없는데.

그럴 리 없어. 볼 때마다 다른 과자를 드시고 계셨는걸.

어디서 특종 냄새가 난다 했더니, 여기였네.

특종이라니?

생각해 봐. 도매상도, 슈퍼 주인도 모르게 과자를 계속 먹는 대통령님이라니! 수상해도 너무 수상하지 않니?

그… 그런가?

혹시 대통령님한테서 이상한 점을 못 느꼈나요?

음… 글쎄요…. 저는 딱히 모르겠는데요.

세금으로 구입한 과자는 누가 관리하죠?

전데요. 이 장부를 보면….

이럴 수가!

국세청장, 왜 그래요??

대통령의 간식BOX

장부와 실제 과자의 개수가 맞지 않아요! 훨씬 부족하다고요!

설마… 그렇다면!

우리가 바로 지금 특종 현장에 있는 거지!

잠시 뒤

이게 다 사실인가요?

당연하죠. 내가 직접 발로 뛰어서 취재한 거라고요!

장부에서 확인했습니다. 대통령님이 세금으로 산 과자를 공짜로 먹었단 것을요!

대통령님이니까, 그 정도는 할 수 있는 거 아니에요?

그건 좀 아닌 것 같아요. 국민은 다 제값을 주고 사 먹으니까요.

난 현우 생각에 동의. 오하니, 넌 어때?

나? 나는… 그러니까….

대통령님이라고 해도 국민의 세금을 함부로 쓸 수는 없어요! 대통령님에게 직접 확인해 보고, 사실이라면 대국민 사과를 받아야 해요!

우아….

머징 폭발!

이 장부와 실제 과자 개수가 왜 안 맞는지 해명해 주시죠! 저희가 다 조사했으니까 정확하게 설명하셔야 합니다!

헙!!

아, 그거요? 제가 좀 먹었어요. 여러분도 알죠? 대통령이 얼마나 스트레스가 많은 자리인지. 세금 걱정, 국민 걱정에 쉴 틈이 없다고요~

그래서 좀 먹었는데…. 몇 개였더라….

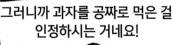

그러니까 과자를 공짜로 먹은 걸 인정하시는 거네요!

아무리 대통령님이라도 그러면 안 된다고 생각합니다. 규칙은 모두에게 공평해야 의미가 있으니까요!

61

* 매의 눈 시력이 사람보다 7배 이상 좋은 매처럼, 예리한 관찰력을 지닌 사람에게 쓰는 말.

63

세상을 뒤흔든 경제 범죄

경제는 생활과 밀접한 관련이 있기 때문에, 경제 범죄는 우리 사회에 심각한 영향을 주어요. 세상을 뒤흔든 경제 범죄 사건을 취재해 봤어요!

💡 미국 최대 금융 사기 사건

미국 역사상 최대의 금융 사기 사건은 '메이도프 폰지 사기 사건'이에요. 이 사건의 주동자인 버나드 메이도프는 높은 수익을 미끼로 투자자들을 꾀어서, 650억 달러(한국 돈 약 72조 원) 규모의 사기를 쳤어요. 메이도프는 2008년 체포되어 150년 형을 선고받고 감옥에서 생을 마감했어요.

💡 어마어마한 금액을 횡령한 사건

베트남의 한 부동산 기업 회장인 쯔엉 미 란은 자신이 은행 대주주라는 것을 이용해서 거짓으로 대출을 많이 받았어요. 그리고 사치스럽게 마구 써 버렸어요. 이 사건은 '베트남 최대 규모 *횡령 사건'이라고 불리는데, 횡령 금액이 우리나라 돈으로 16조 원이 넘어요. 쯔엉 미 란 회장은 사형 선고를 받았고, 도와준 80여 명의 사람들도 모두 재판을 받았어요.

💡 우리나라 금융 사건

우리나라에서도 크고 작은 금융 범죄가 일어나요. 우리나라 역대 최대 횡령 사건은 2023년 8월 BNK 경남은행에서 발생했어요. 거짓 대출로 횡령한 금액이 약 3,000억 원이나 된대요. 이 사건은 사회적으로 큰 충격을 주었고, 범죄를 저지른 당사자와 관련된 주변 인물들 모두 재판을 받았어요.

세상에, 저렇게 엄청난 범죄를 벌이다니!

이런 경제 범죄 사건이 일어나면, 누가 해결할까요? 경찰 중에서도 특별히 경제 관련 범죄만 추적하는 곳이 있어 소개합니다. 마음이 든든해지네요!

💡 꼼짝 마, 경제 범죄! 금융범죄수사대가 해결한다

경제 범죄는 경제 윤리를 어겨 경제 질서를 해치고 국민 경제의 발전을 막는 범죄예요. 남을 속여 돈을 뺏거나, 회사의 돈을 몰래 가로채거나, 세금을 내지 않는 것 모두 경제 범죄예요.

이런 범죄를 특별히 조사하는 경찰 조직이 바로 금융범죄수사대예요. 줄여서 '금수대'라고도 부르지요.

경제 범죄를 해결하기 위해서는 법률, 회계, 세무, 기업 운영 등 다양한 전문 지식이 필요해요. 그래서 따로 담당하는 부서를 두는 것이랍니다.

최근 가장 흔한
경제 범죄는
*스마트 피싱이에요.
조심할 점을 알아
볼까요?

🔷 스마트 피싱 예방을 위한 내용 체크! 체크!

☐ 문자나 SNS 메시지의 링크를 클릭할 때 한 번 더 생각하기.

☐ 수사 기관의 공문은 문자나 메신저로 오지 않는다는 점을 명심하기.

☐ 스마트폰에 낯선 앱을 깔지 않기. 특히 *원격 제어 앱은 절대 금지.

☐ 개인 정보나 계좌의 비밀번호를 다른 사람과 공유하지 않기.

알아 두면 쓸모 있는 용어

* 횡령 불법으로 자기 재물이 아닌 것을 차지함.
* 스마트 피싱 스마트폰을 이용한 금융 사기.
* 원격 제어 멀리서 신호를 보내서 장치를 조작하거나 조종함.

경제 범죄일까, 아닐까?

안 쓰는 통장을
저한테 파세요.
통장 1개에
100미소
드립니다.

친한 사이이니까,
개인 정보 좀
알려 줘. 내가
어디 나쁜 데
쓰겠어?

여기 투자하면
무조건 10배
벌어요!! 묻지도
따지지도 말고
투자하세요~
자세한 건 비밀!

100미소냐?!!

왠지
불안한데….

10배씩이나?
투자 회사이니까
믿어도 되겠지?

안 돼요!

통장을 팔면, *금융 실명제를
어기게 됩니다. 은행에
예금을 하거나 금융 거래를
할 땐 꼭 자기 이름으로
해야 해요.

안 돼요!

개인 정보를 함부로 알려
주면 절대 안 돼요!
스마트 피싱, 불법 마케팅,
불법 소액 결제 등 금전적
피해로 이어질 수 있어요.

잠깐!

투자 회사는 투자 상품의
내용과 위험성을 투자자
에게 반드시 설명해야
합니다. *금융소비자보호
법에 따라 투자자를 보호
하기 위해서지요.

머리에 쏙! 들어오는 경제 용어

* 금융 실명제 은행 예금이나 증권 투자 같은 금융 거래를 할 때, 실제 거래하는
사람의 이름으로 해야 하는 제도. 가짜 이름이나 이름 없이는 거래가 안 된다.
* 금융소비자보호법 투자 회사는 소비자에게 금융 상품을 판매할 때 정보를 제공하고
끝까지 관리해 줘야 하는 의무가 있다는 내용이 법으로 정해져 있다.
소비자의 권리와 이익을 보호하기 위해 2021년부터 시행되었다.

공짜 쓰레기는
없다

 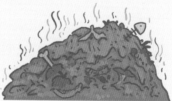

그렇게 긁다가 식판에 구멍 나겠다~

밥 먹을 땐 말 걸지 말아 줄래?

오늘 점심도 좋았어~ 잘 먹었다~!

역시 오하니는 점심시간에 집중력이 제일 좋다니까!

당연하지~

뭘 그렇게 봐?

아… 아무것도 아니야.

내가 급식 도우미 할 때보다 잔반이 더 많아 보이네….

엄청 무거워 보인다….

끄응~

내가 도와줄게.

고마워.

내가 급식 도우미 할 때보다 음식 쓰레기가 늘어난 것 같아. 훨씬~

맞아. 1학기 때보다 늘었다고 영양사 쌤도 속상해하시더라.

버려지는 음식물이 저렇게 많다니. 뭔가 대책이 필요해!

흐음…

앗! 국무총리다!

잔반통

음식 쓰레기가 계속 이렇게 많으면 큰일 난다고! 회의 시간에 이 주제를 안건으로 올려서 대책을 마련해 줘, 국무총리~

음….

좋아. 네 말대로 정말 중요한 문제네. 먼저 국무 회의에서 논의한 다음, 전체 회의 주제로 올릴게.

앗싸!

정말?

그런데 조건이 하나 있어.

엥? 조건? 그런 게 왜 필요한데…?

*진정성 거짓이나 꾸밈없이 진실되고 올바른 성질.

*죽이 되든 밥이 되든 쌀에 물을 넣는 양에 따라 죽이나 밥이 되듯, 어찌어찌해 보겠다는 뜻.

음식 쓰레기가 지구 온난화의 *주범이란 사실, 알고 계신가요?

지구 온난화

메탄가스

메탄가스 이산화 탄소

음식 쓰레기

처리 공장

음식 쓰레기 처리 과정에서 온실가스의 대부분을 차지하는 이산화 탄소와 메탄가스가 발생합니다.

음식 쓰레기 때문에 우리나라에서 1년 동안 발생하는 온실가스는 승용차 수십만 대가 배출하는 양과 비슷하대요.

음식 쓰레기를 0.1%만 줄여도 나무를 100만 그루 심는 것과 같은 효과가 있다고 합니다.

음식 쓰레기를 0.1% 줄이면
나무를 100만 그루 심는 효과!

따라서 환경과 경제를 위해서 음식 쓰레기를 줄여야 합니다. 그런데 말입니다!

＊주범 나쁜 결과를 만드는 주된 원인.

74

우리가 내는 15%의 세금에는 음식 쓰레기 처리비도 포함돼 있어요.

음식 쓰레기가 계속 늘어난다면, 음식 쓰레기 처리 비용도 계속 늘어나요. 그럼 세금을 20%로 올려야 할 것 같습니다.

그건 아니라고 봅니다. 세금을 한 번에 5%p나 올리면, 국민 생활이 너무 어려워진다고요!

5%p까지는 아니라도 세금을 올리기는 해야 한다고 봅니다. 음식물이 많이 남을수록, 처리 비용도 많이 드니까요.

그럼 세금을 20%로 올린 뒤, 음식 쓰레기를 10% 줄일 때마다 세금을 1%p씩 내리면 어떨까요?

세금 때문이라도, 모두가 음식 쓰레기를 줄이기 위해 노력하지 않을까요?

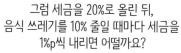

음식 쓰레기 50% 줄어듦.

세금 5%p 내림.

-50%

-5%p

국세청장의 의견은 꽤 그럴듯해 보였다!

난 앞으로 음식 쓰레기 일지를 쓸 거야. 날마다 내가 급식에서 어떤 반찬을, 얼마나 남겼는지 기록해서 쓰레기를 줄여 보려고.

결국 국세청장 최고비의 의견대로 세금 5%P 인상안이 통과됐고,

음식물 일지 쓰기

날 짜	남긴 음식
0월 I0일	시금치·오이소박이
0월 I0일	깍두기·무말랭이
0월 I0일	멸치

삼다수 국민들은 음식 쓰레기를 줄이기 위한 아이디어를 내고 실천하기 시작했다.

스님들 식사법인 '발우 공양'을 배우면 어때? 음식이 나한테 오기까지의 과정을 생각하며 감사하는 마음으로 남김없이 먹는 거야. 우리도 일주일에 한 번씩 해 보자!

수. 다. 날
수요일은 잔반을 남기지 않고 다 먹는 날

눈금 식판!

그중에서도 최혁의 멋진 아이디어가 큰일을 해냈다!

내가 인터넷에서 봤는데, 어떤 중학생 누나들이 무지개 식판을 만들어서 효과가 엄청 좋았대! 당장 식판을 바꿀 순 없겠지만, 우리도 비슷하게 해 보면 어때?

종이 식판에 눈금을 그려서 자기 양을 확인한 다음, 실제로 그만큼만 밥을 뜨는 거야.

한 공기 반
한 공기
반 공기

몇 주 뒤

삼다수 국민 여러분의 노력 덕분에 음식 쓰레기가 50%나 줄었습니다!

-50%

짠!~

예~!

내가 낸 제안에 삼다수 국민들이 참여해서 함께 문제를 해결하다니, 정말 놀랍다!!

세금이 다시 15%로 줄었어. 난 부자야~

만세!

월급 명세서

오하니, 또 제안할 거리 없어?

그러게. 한번 찾아볼까?

헤헤...

역사 속 재미있는 세금 이야기

세금은 국가를 운영하는 데 꼭 필요한 *재원이에요. 그래서 세상에는 옛날부터
다양한 세금이 있었고, 그중에는 특이한 세금도 많았지요. 세금과 관련된 재미있는
역사 이야기를 알아볼까요?

로마 제국의 오줌세

로마 제국의 베스파시아누스 황제는
섬유업자들에게 '오줌세'를 내게 했어요.
세금 이름이 특이하지만, 다 사정이 있답니다.
그 당시 섬유업자들은 공중화장실의 오줌을
활용해 돈을 벌었거든요. 오줌 속에 포함된
암모니아 성분으로 양털의 기름기를 빼고 옷을
표백했으니까요.
섬유업자들에게 세금을 걷으려고, 로마 제국의
황제가 머리를 쓴 거예요.

로마 제국 베스파시아누스 황제

러시아 표트르 대제

러시아의 수염세

러시아 황제, 표트르 대제는 나라를 발전시키려고
많은 개혁을 추진했어요. 그래서 콧수염이 있는
사람들에게 '수염세'를 내게 했지요.
대귀족이나 대부호는 100루블, 귀족·관리·
상인은 60루블, 일반 시민은 30루블, 농민은
1루블의 1/100을 내는 등 신분에 따라 세금이
달랐어요.
당시 부자와 귀족들에게 세금을 많이 거두기
위한 방법이었죠. 덕분에 나라 재정이 아주
두둑해졌대요.

우아~ 진짜 신기한 세금이 많다~

세금을 군주 마음대로 걷을 수 있던 과거에는 특이한 세금이 더 많았대.

세계 여러 나라의 비만세

국민 건강을 해치는 비만을 막기 위한 노력 중의 하나로 비만세 정책을 펼치는 나라들이 있어요.

헝가리는 2011년부터 과자와 청량음료에 세금을 추가로 부과하는 '감자칩세'를 도입했어요. 프랑스에선 청량음료에 '소다세'를, 멕시코에선 고칼로리 음식에 '정크 푸드세'를 내게 한답니다. 멕시코는 청량음료에도 추가 세금을 부과했는데, 그 뒤로 국민들이 생수를 더 많이 마시게 됐대요.

감자칩

잠깐

뭐? 세금 없는 나라가 있다고?

세금 없는 나라도 있을까?

나우루는 울릉도의 1/3밖에 안되는 남태평양의 아주 작은 나라예요. 수천 년 동안 쌓인 새들의 배설물이 산호층과 결합한 인광석이란 광물을 보유해서 엄청난 부를 쌓았지요. 나우루는 한때 세계 2위의 부자 나라라고 할 만큼 부유했어요. 국가에서 의료·교육·집 등을 공짜로 제공하고, 세금도 하나도 없었어요. 하지만 인광석 생산과 수출이 줄면서, 나라가 완전히 멈출 정도로 어려움을 겪었답니다.

＊재원 특정 목적을 위해 쓰이는 돈이 나오는 근원.

아이디어를 공유해 보자!

세금을 절약하는 방법을 함께 생각해 볼까요? 세금이 쓰이는 분야에서
내가 도울 방법이 있는지 적어 보고 또 실천해 보아요!

① 자연을 보호하기
야생 동물을 위해 산에서 도토리를 가져오지 않거나, 쓰레기를 줍거나, 일회용품을
쓰지 않기 등 우리가 할 수 있는 자연 보호 활동을 생각해 보세요.

② 건강한 몸과 마음 지키기
우리 몸과 마음을 튼튼하게 만드는 방법은 무엇일까요? 내가 실천할 수 있는 방법을
찾아보세요.

③ 소외된 이웃 돕기
혹시 우리 주변 이웃 중에서 도움이 필요한 사람을 알고 있나요? 그 이웃들에게 필요한
도움은 무엇인가요?

④ 공공시설물 아껴 쓰기
학교, 도서관, 공원, 도로, 병원, 시민 회관 등 자주 이용하는 공공시설을 떠올려 보세요.
이곳의 물건들을 어떻게 사용하는 게 좋을까요?

삼다수의 진짜 위기

여기서 잠깐! 원래 마스크를 써야 하지만, 만화 속 예쁜 그림을 위해서 마스크를 착용하지 않는 걸로 그렸어요~

신종 바이러스에 감염돼서 학교 못 나오는 애들이 많대…

교실이 휑하네…

느낌이 안 좋아. 삼다수에 뭔가 폭풍이 몰아칠 것 같은 기분이랄까…?

오하니, 살려~~~!!!

기자인 내 느낌도 그래. 특종의 기운이 돌아…

드르륵

대통령님 표정이 심상치 않은걸?

엄청 심각하신데…

도대체 무슨 일이지?

삼다수 국민 여러분, 오늘은 정말 힘든 이야기를 해야 합니다. 그것은 다름 아닌…!

삐!

삼다수 나라가 아주 큰 위기를 맞이했기 때문입니다.

삼다수 국가적
경제 위기 선언!

신종 바이러스 유행으로 앞으로는 일주일에 하루만 학교에 나오고, 나머지는 비대면 원격 수업으로 진행합니다.
이로 인해 삼다수는 심각한 국가적 경제 위기에 빠지게 되었습니다.

학교를 일주일에 하루만 나온다고? 엄청 좋은데?

내 말이~ 그게 왜 위기지?

이런~ 위기를 기회로 삼다니! 역시 대단한 국민들이네요~

대통령님은 학교 나오는 걸 좋아하셔서 그런가?

위기 아닌 듯! 집에 있으니 좋아! …

헐…

＊천직 하늘에서 정해 준 것처럼, 타고난 직업.

당분간 교실 농부와 분리수거 업체 직원도 없어지고요,

도매상도 문을 닫아야 하고,

게시판 담당자도 없어집니다.

또 실업자라니! 실화입니까?!!

아아악!

아아악!

안 돼!

어쩌면 내가 꾼 악몽은 그냥 꿈이 아니라 *예지몽인지도 모르겠다.

잠시 뒤, 쉬는 시간

게시판 담당자도 없어집니다.

게시판 담당자도 없어집니다.

게시판 담당자도 없어집니다.

오하니, 정신 차려! 이게 몇 개야?

머~ ~엉

나… 새 직업을 찾은 것 같아, 민희야.

무슨 뚱딴지같은 소리야?!!

멍~

오늘부터 직업을 예언자로 바꿀까 봐. 예지몽도 꾸는데.

하니야! 정신 차려, 제발!

아흑!

*예지몽 어떤 일이 일어날지 미리 알려 주는 꿈.

최고비, 넌 좋겠다.
국세청은 없어질
일이 없잖아.

*하나만 알고 둘은
모르는 소리다, 그거.

그거야말로
무슨 소리야?

엥?

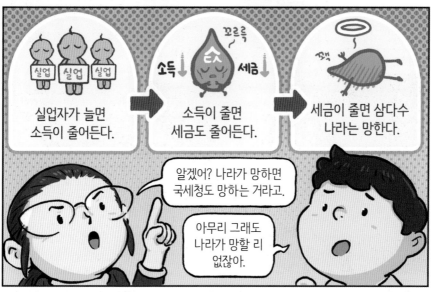

실업 실업 실업

실업자가 늘면
소득이 줄어든다.

소득↓ 슝 세금↓

꼬르륵

소득이 줄면
세금도 줄어든다.

꽥

세금이 줄면 삼다수
나라는 망한다.

알겠어? 나라가 망하면
국세청도 망하는 거라고.

아무리 그래도
나라가 망할 리
없잖아.

나라도 망할 수 있어. 실제로 우리나라도
경제 위기로 망할 뻔한 적이 있었대~
'IMF 때 힘들었다', '외환 위기를 겪었다'
같은 말 들어 봤지?

음… 뭐야,
그 어려운 단어는?
먹는 건 확실히
아닌 것 같은데….

내가 다 부끄럽다,
친구야~

IMF?

쿠~ 아이고…

*하나만 알고 둘은 모른다 어떤 일의 한쪽 면만 보느라, 다른 부분은 생각하지 못한다는 뜻의 속담.

때는 1997년,

우리나라 기업에 투자했던 외국 투자자들이
갑자기 한꺼번에 투자금을 *회수하며
국가 재정이 크게 부족해졌어.
주변 동남아시아 국가들의 경제 위기로
수출도 어려워졌지.

회사들은 망하고
사람들은 일자리를 잃고…

수출이 막히거나 운영 자금이 부족해진
수많은 회사가 문을 닫았어. 거기서 일하던
사람들은 실업자가 될 수밖에 없었지.

나라가 파산 위기에 놓이다!

당연히 나라도 어려워졌지. *원화 가치가
떨어지고 빚도 갚아야 해서, 나라의 비상금
이라고 할 수 있는 *외화 보유액이 금세
바닥났어. 빚 갚을 돈이 없는데 어쩌지?!!

IMF에게 돈을 빌려
급한 불을 끄다!

결국 우리나라는 IMF(국제 통화 기금)에서 외화를
빌렸고, 간신히 위기를 넘겼어. 국민과 정부 모두
허리띠를 졸라매며 지낸 끝에, 마침내 2001년
IMF의 돈을 다 갚게 되었어!

*회수 빌려준 돈이나 물건을 도로 거두어들임.
*원화와 외화 우리나라 돈과 외국 돈. 외화는 보통 미국 돈인 달러를 뜻함.

91

삼다수 경제
탐구 생활

경제 위기가 뭐예요?

삼다수에 경제 위기가 닥쳤어요! 경제 위기는 대내외적인 이유로 경제 상황이
나빠지면서 경제적 어려움을 겪는 것을 말해요. 우리나라의 *IMF 경제 위기 외에도
전 세계적으로 크고 작은 경제 위기가 많았어요. 그중 1920년대 대공황은 역사상
최악의 경제 위기로 꼽히지요.

대공황

1929년 10월, 미국 증권 시장에서 주가가 대폭락
하면서 경제 공황이 시작되었어요. 이 영향은
전 세계로 퍼져 나가 세계 경제의 급격한 침체를
가져왔어요. 이 영향이 너무 커서 '대공황'이라는
이름이 붙여졌지요.
경제가 어려워지자, 사람들은 물건을 사지
않았어요. 물건이 팔리지 않자, 공장들은 문을
닫았지요. 그 결과, 수많은 노동자가 하루
아침에 실업자가 되었어요. *실업률은 점점
높아져, 미국 전체 노동자의 25% 이상이 실업자가
될 만큼 심각했어요.
당시 미국 대통령, 프랭클린 루스벨트는 경제를
되살리려고 정부가 주도하는 사업을 펼쳐

1929년 주가 대폭락이 일어난 뒤, 미국의
증권가 월 스트리트에 모여든 군중들.

일자리를 제공했어요. 이 정책이 어느 정도 성공하자, 경제를 *시장 원리에만 맡기지 않고
필요에 따라 정부가 개입하기 시작했답니다.

머리에 쏙! 들어오는 경제 용어

* IMF 국제 통화 기금. 유엔의 전문 기관 중 하나로 세계 각국이 경제력에 따라
  돈을 내어 *기금을 마련한다. 이 돈으로 경제 성장을 지원하며, 외화가 부족할 때
  외화를 빌려주기도 한다.
* 실업률 실업자가 경제 활동 인구에서 차지하는 비율.
* 시장 원리 수요와 공급으로 시장 가격을 정하고 자유롭게 경쟁하는 원리.
* 기금 자선 사업이나 공공사업을 위해 내놓은 돈. 기부금과 같은 뜻.

경제 위기를 도와주는 사회 보험

경제 위기로 어려움을 겪는 국민을 돕기 위해 국가는 여러 가지 방법을 마련해요.
그중 하나가 사회 보험이에요. **사회 보험**은 질병, 장애, *노령, 실업, 사망 등 사회적인
위험에 대비하기 위해 의무적으로 가입해야 하는 보험이에요. 법률이 정한 기준에
해당하는 사람은 꼭 가입해야 한답니다.
우리나라의 대표적인 사회 보험에는 국민연금, 건강 보험, 고용 보험, 산재 보험 등이 있고,
이를 **4대 보험**이라고 해요.

국민연금
소득이 있을 때 일정 금액의 보험료를
납부하고, 퇴직·사망·장애 등의
이유로 소득이 줄거나 없을 때 연금을
지급받는 보험이에요. 연금으로 최소한
의 생활을 유지하도록 돕는 거예요.

건강 보험
일상생활에서 병에 걸리거나 다칠 때,
병원이나 약국에서 비교적 적은
비용으로 의료 서비스를 받을 수
있어요. 소득이 많으면 보험료를 더
많이 내요.

4대 보험

고용 보험
갑자기 직업을 잃은 실업자들에게
실업 급여를 지급하여 생활의 안정을
돕고, 다시 구직 활동을 하도록 돕는
보험이에요. 기업에 직업 훈련을 위한
*장려금을 지원하기도 해요.

산재 보험
일하다가 다치는 근로자에게 보상하
기 위한 보험이에요. 산재 근로자와
그 가족의 생활을 보장하기 위해
만들었지요. *사업주라면 반드시 가입
해야 하는 사회 보험이에요.

알아 두면 쓸모 있는 용어

* 노령 노인이 된 나이.
* 장려금 어떤 일을 하도록 도와주려고 주는 돈.
* 사업주 사업을 소유한 사람이나 기업의 자본을 대는 사람.

오하니,
부총리가 되다?

일주일에 한 번 만나는 삼다수 국민들이 어쩐지 더 소중하게 느껴졌다.

남다름 오랜만~

반가워. 잘 지내지?

나 보고 싶어서 어떻게 견뎠냐, 친구들~

장현우의 허세도 그리울 뻔~

그렇단 말이지~

오호~

얘들아, 특종이야, 특종!!

다다다다다

경제 위기보다 더 큰 특종이 있다고?

한지영이?

완전 대박 특종이야! 부총리 한지영이 전학 간대! 전학!

전학?

미리 얘기 못해서 미안해, 국무총리.
갑자기 결정된 일이라서.

괜찮아~ 우리가
도와줄 건 없어?

한지영의 전학
소식은 사실이었다.

아, 하나 있긴 해.

그게 뭔데?

적금도 깨고, 자리도
팔아서, 미소가 꽤 쌓였거든.
이걸 어떻게 쓰면 좋을지
모르겠어.

지출	잔액	
	1250	확인
60	1950	확인
100		

그런 걸 왜 걱정해! 도매상도,
슈퍼도, 장사가 안돼서 큰일이잖아~
국민들에게 과자를 사 주는 건 어때?

짝!

아흐

동희야~
요새 학교에서 아무것도 같이
못 먹는 거, 잊었어?

아, 맞다…

97

내 생각은 좀 다른데.

이러다 삼다수 국민들 다 모이겠네.

삼다수 밖에서는 미소를 쓸 수 없으니까, 세금으로 다시 삼다수에 내는 건 어때?

국세청장다운 생각이다~

그건 아니라고 봐. 지영이가 미소를 공짜로 얻은 게 아니잖아. 부총리로 일한 월급을 열심히 모은 거니까.

맞아~ 세금도 이미 매달 꼬박꼬박 냈는데, 모든 걸 다 세금으로 내라는 건 좀 너무해~

근데 다들 지영이 전학보다 미소에 관심이 더 많은 거 아니야?

아, 아니야~ 미소 쓰는 문제를 얘기하다 보니, 그런 거지~

물꼬러미

잠시 뒤

오하니, 나랑 얘기 좀 할래?

응? 그… 그래.

내가 가진 미소를 삼다수에서 도움이 꼭 필요한 친구들에게 나눠 주고 싶거든.

나눠 준다고? 기부 하겠단 말이야?

응! 내 미소를 의미 있게 쓰고 싶어.

지금은 모두 어려운 상황이라… 누굴 어떻게 도울지 참 어렵다…

맞아, 그래서 하는 말인데, 오하니~

뭐냐, 그 눈빛은??

내 미소를 어디에 쓸지, 네가 결정해 줘~

내가? 왜??

너라면 내 미소가 가장 필요한 곳을 잘 찾아낼 것 같거든~ 그러니까 생각해 봐~

어흑!

이런 거 완전 부담스럽다고!!

아니…, 내가 그런 걸
어떻게 찾냐고….

오하니! 나랑
얘기 좀 해!

오늘 대화는 한도 초과야.
다음에 하자, 국무총리.

꼭 지금 해야 해~
부총리였던 한지영이
전학 가면 그 자리가
비잖아?

그게 나랑 무슨
상관인데?

잉?

음…, 난… 오하니,
네가 그 자리를 채우면
좋겠어. 다음 회의 때
널 추천할까 해서.

ㄲ감짝!

내가?
부총리를??

한지영의 부탁에
머리에서 열이 났는데,
거기다 남다름이
기름을 부었다!

기부 국무위원
실업자
지영이 전학

남방

왜 다들 날 가만
놔주지 않냐고~
난 그냥 혼자가
편한 애인데~

100

며칠 뒤

얘들아, 잘 있어~

지영아, 잘가~

한지영은 전학을 갔고,
남다름은 회의에서
나를 부총리로 추천했다.

회의 시간

새로운 부총리에
오하니를 추천합니다!

찬성~

회의를 통해 새로운 부총리로
오하니 국민을 추천했습니다.
마지막으로 삼다수 국민 여러분의
동의가 필요합니다.

그러니까… 제가 할 줄
아는 건 별로 없지만…
부총리를 맡게 된다면
최선을 다하겠습니다….

더듬   더듬

동의~!

찬성!

결국 나는….
부총리가 되고 말았다…!

동의합니다!

동의~!

내가 과연
잘할 수 있을까??

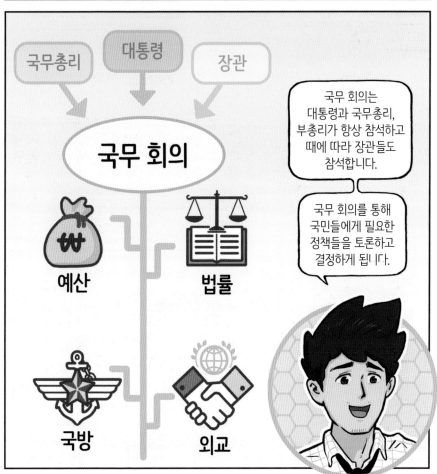

오늘은 삼다수 경제 위기 극복을 주제로 회의를 해 보겠습니다.

저… 그런데 그것보다 먼저 같이 얘기하고 싶은 안건이 있어요….

하니 부총리, 그럼 먼저 얘기해 보세요~

솔이가 잘 적응하도록 모두 잘 도와주세요~

나는 인천에서 전학 온 최솔이라고 해. 반가워.

최 솔

한지영이 전학을 가고, 최솔이 전학을 왔잖아요.

그런데 일주일에 한 번만 학교에 오니까 쉽게 친해지기도 어렵고,

직업이 없으니까 미소도 없어서 아무것도 못하는 것 같아요.

그러고 보니 삼다수 나라에 대한 설명도 제대로 못 해 줬어요.

줄어든 세금 문제를 신경 쓰느라, 전학생한테 신경을 못 썼네요.

대통령도 방역에 신경 쓰느라 전학생 친구를 잘 챙기지 못 했네요.

하아

삼다수에 대해선 다음 등교일에 설명해 주면 되는데, 직업과 미소는 방법이 없네요. 지금 실업자들도 많아서….

음…, 그래서 제가 생각을 좀 해 봤는데요.

한지영이 남기고 간 미소를

전학생을 위해서 쓰면 어떨까요?

오~

오오

한지영의 기부금을?

이름도 한번 생각해 봤어요. '삼다수 이민자 정착 지원금'

전학 간 친구의 미소로 전학 온 친구를 돕는다! 멋진 생각이에요!

뭐…, 저는 세금으로 *환수하면 좋다고 생각하지만, 이 방법도 나쁘지 않네요.

우리 모두가 놓친 부분을 오하니 부총리가 챙겨 주네요~ 오하니를 부총리로 추천한 저를 칭찬하고 싶습니다!

아하하하하

＊환수 도로 거두어들인다는 뜻.

삼다수 경제
탐구 생활

나라의 정책을 결정하는 국무 회의

삼다수 나라에서 국무 회의를 하는 것처럼, 우리나라 정부도 주요 정책을 결정하기 위해 국무 회의를 진행해요. 이 국무 회의는 우리나라 헌법에도 나와 있는 아주 중요한 최고 정책 심의 회의예요.

국무총리   대통령   장관

국무 회의

예산   법률

국방   외교

헌법 속 국무 회의

국무 회의와 관련된 사항은 헌법에 규정되어 있어요. 어떤 사람들이 모여서 어떤 결정을 해야 하는지 등 많은 내용이 있는데, 그중 대표적인 내용들만 살펴보아요.

국무 회의 구성과 역할

대한민국 헌법 제88조
① 국무 회의는 정부의 권한에 속하는 중요한 정책을 심의한다.
② 국무 회의는 대통령·국무총리와 15인 이상 30인 이하의 국무 위원으로 구성한다.
③ 대통령은 국무 회의의 의장이 되고, 국무총리는 부의장이 된다.

국무 회의에서 결정해야 하는 것들

대한민국 헌법 제89조
다음 사항은 국무 회의의 심의를 거쳐야 한다.
1. 국정의 기본 계획과 정부의 일반 정책
2. 선전·강화 기타 중요한 대외 정책
3. 헌법 개정안·국민 투표안·조약안·법률안 및 대통령령안
4. 예산안·결산·국유 재산 처분의 기본 계획·국가의 부담이 될 계약 기타 재정에 관한 중요 사항
⋮

☀ 특별 인터뷰!

삼다수 나라에 대해 말하다!

삼다수를 떠나는 국민과 새로 온 국민을 만났습니다! 삼다수 나라에 대해 어떤 생각을 하고 있는지, 인터뷰한 내용을 보시죠~

삼다수를 떠나는 국민 한지영

Q 삼다수 나라 부총리를 하면서 느낀 점이 있다면?

부총리로 여러 일을 하는 게 쉽진 않았지만, 친구들의 다양한 모습을 알게 되어 좋았어. 우리 삼다수 나라 국민들은 모두 착하고, 각자 멋진 특기가 있다는 점이 큰 매력이야!

Q 삼다수 나라 국민들에게 하고 싶은 말이 있나요?

나라 운영에 동참한 시간이 정말 뜻깊었어. 도와준 모든 국민들에게 많이 고맙고! 함께하는 동안 진짜 즐거웠어. 절대 잊지 못할 거야. 우리 앞으로도 연락하고 지내자!

Q 자기소개를 간단히 부탁해요!

안녕! 나는 최솔이야. 인천에서 전학 왔어.

Q 삼다수 나라 국민이 된 소감은?

삼다수 나라에 대해 처음 들었을 땐, 참 재미있다고 생각했어. 하지만 막상 전학을 오니까, 나만 아직 직업이나 미소가 없어서 초조하기도 하더라. 그래서 전학 간 친구가 기부한 미소로 지원해 준단 이야기를 듣고, 환영받는 기분이 들었어. 앞으로 잘 지낼 수 있을 것 같아!

삼다수에 새로 온 국민 최솔

Q 삼다수 나라에서 갖고 싶은 직업은?

소품 가게 주인이 되어서, 내가 만든 물건들을 팔아 보고 싶어! 난 늘 소품 가게 주인이 되고 싶었거든.

경제 위기 극복 방법

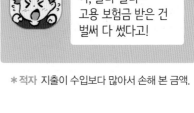

* 적자 지출이 수입보다 많아서 손해 본 금액.

111

국채를 알려면 채권을 먼저 알아야겠죠?

채권

정부나 지방 자치 단체, 공공 기관, 금융 기관, 기업 등이 투자자들로부터 필요한 자금을 빌리면서 발행하는 문서. 가격, 기간, 지급할 이자 등이 쓰여 있다.

채권
일백만 원
단기 : 3년
액면가 : 100만 원
이자 : 연간 10% 지급

삼다 물산

국채

국가가 발행하는 채권으로 안전하다고 평가받는다. 어려운 사람을 돕는 사회 복지나 공공사업을 위한 사업 자금 마련에 쓴다.

대한민국정부
국 고 채 권
일백만 원
발행일 0000년 0월 0일
상환일 0000년 0월 0일
기획재정부장관 ㊞

간단히 말해, 나라에서 빚을 내서 필요한 예산을 마련하는 거죠.

정부가 국채를 발행하려면, 국회의 허락을 받아야 해요.

훗날에 국민의 세금으로 갚아야 하는 빚이니 당연한 일이죠.

정부

정부가 국채 발행 계획을 세운다.

국회

국회에서 정부의 계획을 심사한다.

채권

일백만 원

국회의 허락을 얻어 국채를 발행한다.

그럼 국채 발행 계획을 세운 다음, 삼다수 국민 모두가 참여하는 회의에서 허락을 받아야겠네요.

국채를 얼마나 발행할지 잘 정리해서 국민들에게 보고해야겠어요!

회의 시간

오늘은 삼다수 국민이자 국회 의원인 여러분과 중요한 결정을 내려야 합니다.

대통령님이 왜 저러시지?

혹시 아프신 건가? 시한부 인생 그런 거?

드라마 좀 그만 봐~

걱정해 줘서 고맙지만, 저는 건강합니다. 아픈 건 바로 삼다수 나라의 재정이죠.

현재 삼다수 나라 정부에서 필요한 금액은 약 4000미소입니다.

날짜	내용	수입	지출	잔액
11/18	손 소독기 구입 예정		600	-2540
11/20	마스크 구입 예정		800	-3340
11/25	세금 예정	1020		-2320
11/25	공무원 월급 예정		840	-3160
11/26	A4 용지 구입 예정		300	-3460

여기에 국민을 돕기 위해 필요한 금액까지 추가해서 국채를 발행하려고 합니다. 경제 위기로 어려움을 겪는 국민에게 재난 지원금을 지급할 계획이거든요.

실업 급여 비슷한 거네.

누구한테?

얼마나 줘?

네, 맞습니다. 재난 지원금을 누구에게, 얼마나 줄지 함께 논의하려고 해요.

아하!

소득이 많음 → 지원금 X

소득이 적음 → 지원금 O

소득이 적은 사람에게만 300미소, 어때요?

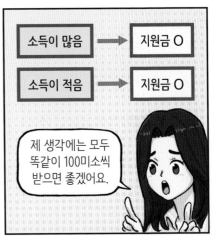

소득이 많음 → 지원금 O

소득이 적음 → 지원금 O

제 생각에는 모두 똑같이 100미소씩 받으면 좋겠어요.

민희 생각에 한 표요~ 누군 적게 받고, 누군 많이 받으면 불만이 생길 거예요.

재난 지원금에 대한 논쟁이 팽팽해서, 투표로 결정하기로 했다.

그래도 나 같은 실업자가 직업이 있는 사람보단 많이 받아야 하지 않을까?

소득이 적은 국민에게 300미소

10표

모든 국민에게 똑같이 100미소

24표

재난 지원금은 모든 국민에게 100미소씩 지급하기로 결정되었습니다. 국채는 7,400미소를 발행해야겠네요.

나라에서 발행하는 국채

정부는 나라 살림에 필요한 돈을 마련하기 위해 여러 가지 방법을 써요. 때로는 나중에 세금을 거둬들여 갚겠다는 계획을 세우고 빚을 지기도 하지요. 정부가 어떤 식으로 돈을 마련하는지 알아볼까요?

정부가 나라 살림에 필요한 돈을 마련하는 방법

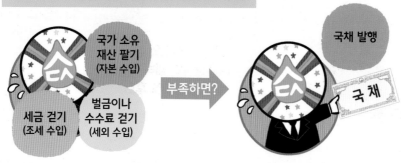

정부가 나라 살림에 필요한 돈을 마련하는 대표적인 방법은 세금을 거두는 것이에요. 그 외에 벌금이나 수수료를 걷거나, 국가 소유의 재산을 팔아서 얻는 수입도 있어요. 하지만 세금이 적게 걷히거나 자연재해 등으로 예상치 못한 큰 지출이 발생해 예산이 부족할 때는 국채를 발행해요. 국채는 국가가 빚을 낼 때 발행하는 채권이에요.

국채를 갚지 못하게 되면?

국채는 국가가 갚겠다는 약속을 하고 발행
하는 것으로, 반드시 갚아야 해요.
만약 감당할 수 없을 만큼 부채가 늘어나면,
국가도 부채를 제때 갚지 못해 날짜를 미루거나
아예 못 갚는다고 파산 선언을 할 수도 있어요.
국가의 화폐는 그 나라 안에서 쓰이지만,
국제적으로 각 국가 간의 신용도를 나타내고
있어요. 그렇기 때문에 이런 경우가 생기면
국가의 신용도가 크게 떨어질 뿐 아니라
세계 경제에도 큰 어려움이 생기게 돼요.

잠깐

모라토리엄과 디폴트 선언
신문이나 뉴스에서 국제 경제에 대한
소식을 전할 때 이 용어를 쓸 때가 있어요.
바로 국채와 관련된 내용이에요.
모라토리엄은 빚을 갚을 때까지 기다려
달라고 요청하는 일을 말하고, 디폴트
선언은 빚을 못 갚는다고 선언하는 것을
말해요. 어떤 나라가 이런 일을 하면
세계 경제에 큰 영향을 주기 때문에
뉴스에서도 크게 다루지요.

위기 때 받는 긴급 지원

신종 바이러스의 대유행으로 경제 위기를 맞은 삼다수 국민들에게 재난 지원금이 지급되었어요. 실제 우리나라에서도 위기 상황에 놓인 국민들에게 긴급 지원을 하고 있어요. 어떤 사례가 있는지 알아볼까요?

긴급 재난 지원금

2020년 코로나19 사태로 많은 국민들이 경제적 어려움에 빠지자, 정부는 *생계 안정과 *소비 촉진을 위해 지원금을 지급하기로 발표했어요. 당시 지원 대상과 지원금의 규모를 두고 다양한 의견들이 오갔고, 여러 차례에 걸쳐 다양한 방식으로 지원금이 지급되었어요. 우리나라 정부가 수립된 후 최대로 지급된 지원금이었대요.

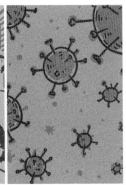

피해 국민을 위한 재난 지원금

집중 호우나 태풍, 지진 등 자연재해 또는 화재, 건물 붕괴 같은 다양한 재난으로 피해를 크게 입은 지역이 생기면, 정부는 그곳을 특별 재난 지역으로 선포해요.
피해 지역의 *재해 복구 사업을 진행하는 것은 물론 피해 주민들에게 재난 지원금을 지급하고 각종 요금을 *감면하는 등 다양한 지원을 해 준답니다.

알아 두면 쓸모 있는 용어

* 생계 안정 살림살이를 일정한 상태로 유지함. 또는 살림을 사는 형편이 나아지도록 함.
* 소비 촉진 경제적으로 어려워 소비가 줄어든 것을 다시 늘려 시장 경제가 활발해지게 함.
* 재해 복구 사업 재해에 의해 피해를 본 시설을 원래 상태로 만드는 사업.
* 감면 정해진 부담 따위를 덜어 주거나 없애 줌.

함께 만든 희망

아무리 좋은 일에 쓴다지만…. 자기가 힘들게 번 돈을 쉽게 내놓을 수 있을까? 나라면 모른 척할 것 같은데.

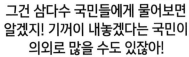

그건 삼다수 국민들에게 물어보면 알겠지! 기꺼이 내놓겠다는 국민이 의외로 많을 수도 있잖아!

흐음…

휴~ 그런가…

불쑥

IMF 외환 위기 이야기를 내가 더 조사해 봤거든~ 그러면서 알게 됐는데,

우리 국민들이 직접 나서서 국가 경제 위기 상황에서 나라를 살린 이야기가 있더라고~!

○○ 뉴스

나라 빚을 백성이 대신 갚은

국채 보상 운동

1907년 일본 제국이 대한 제국을 경제적으로 지배하기 위해 제공한 빚을 백성들이 나서서 대신 갚으려고 한 운동.

경제 위기를 이겨 낸 숨은 힘!

금 모으기 운동

IMF 외환 위기 때, 나라 빚을 갚기 위해 전 국민이 참여해 227톤 정도의 금을 모은 운동.

그러니까 오하니의 생각이 아주 틀린 건 아니라고 생각해~

오오!

오~

하지만 국민들의 참여를 위해선 타당한 이유도 필요할 테고, 누군가 앞장서 본을 보여야겠지.

맞아!

임시 국무 회의

급하게 국무 회의를 요청한 건, 삼다수 재정 문제를 해결하기 위해 긴급한 논의 사항이 있기 때문입니다.

민희의 말 때문일까? 뭔가 해 봐야겠단 용기가 생겼다.

어떤 내용일까요, 오하니 부총리?

지금 삼다수 재정 문제는 온 국민이 같이 해결해야 한다고 생각해요. 그러니 국민들에게 '미소 모으기'를 제안해 보면 어떨까요?

국민들에게 '미소 모으기'를 제안하려면, 먼저 누군가 앞장서야 할 것 같아요. 그래서 제가 가진 저작권 전액을 기부하려고 합니다!

저도 500미소를 기부할게요!

가만있을 수 없네요. 저도 참여하겠습니다!

저도요! 국민들의 자발적 참여가 중요하니, 삼다수 신문과 단톡방을 활용하는 게 좋겠어요.

그리고 삼다수 나라에서 가장 많은 미소를 가진 부자들에게 우리가 직접 *취지를 설명하고 참여를 부탁해 보면 어떨까요?

그것도 좋은 방법이네요!

*취지 어떤 일의 목적이나 중요한 뜻.

저도 500미소 기부합니다!

저도 기부 참여 완료!

나도 한다~
1000미소 기부!!

삼다수의 공무원들과 최고 부자들이 만든 '기부 바람'은 거대한 폭풍이 되었다!

삼다수 최고 부자들이 다 기부하네!

멋지다! 나도 기부할래!

이게 바로, 노블레스 오블리주!

공무원과 부자들이 삼다수 경제 위기 해결에 앞장서네~ 인정!

삼다수 나라의 경제 위기를 해결하기 위해 가진 것을 내놓으면서~

그럼 나도 동참해 볼까?

국민들이 하나로 더 끈끈하게 연결되는 느낌이야~!

노블레스 오블리주
사회적으로 높은 지위를 가진 사람들에게 요구되는 높은 수준의 도덕적 의무를 뜻하는 프랑스어다. 사회를 위한 봉사, 기부 등을 명예롭게 생각하는 정신이기도 하다.

살림살이는 어렵지만, 마음은 따뜻해지네요~

좀 더 나은 국가를 만들기 위한 여러분의 노력에 감동했습니다!

덕분에 나라 살림은 심각한 고비를 넘기게 됐고요!

톡 톡

며칠 뒤, 반가운 소식이 하나 들려왔다.

오하니 부총리! 반갑구먼!

짝

이제 일주일에 3번이나 학교에서 볼 수 있다니, 너무 좋다!

내가 그렇게 보고 싶었냐, 오하니?

절대 아니…

크크

…라고는 말 못 하겠다. 기부 천사 장현우!

으~ 닭살! 기부 천사라고 부르지 마. 그냥 하던 대로 하라고~

으윽~

뭐래~ 은근 즐기는 거 다 알거든~

깔깔깔

129

특별 취재

기부를 통해 나라를 도운 사람들

삼다수 나라가 처한 경제 위기를 해결하기 위해, 기부에 앞장선 국민들이 있어요. 이처럼 자신이 가진 재산이나 능력을 나눈 기부 부자들을 취재해 보았습니다!

큰 존경을 받은 부자 경주 최씨 가문

경주 최씨 가문은 조선 시대 17세기 초반부터 20세기 중반까지 12대에 걸쳐 약 300년 동안 큰 부를 유지한 가문으로, '경주 최 부잣집'으로도 불립니다. 최씨 가문이 유명한 것은 어마어마한 재산 때문이기도 하지만, 그 재산으로 많은 선행을 베푼 까닭이지요. 지나가는 나그네를 대접하고, 거지들을 먹이고, 특히 *보릿고개에 이웃들에게 많은 쌀을 나눠 주었어요.

최씨 가문은 지나치게 높은 벼슬이나 많은 재산을 경계하고, 절약 정신을 실천하고, 남에게 베푸는 것이 의무임을 후손들에게 엄격히 가르쳤습니다. 그리고 일제 강점기 시절에는 많은 돈을 들여 독립운동을 지원했고, 해방 이후에는 전 재산을 털어 학교를 세웠답니다.

최씨 가문의 6가지 가훈
1. 과거를 보되, *진사 이상의 벼슬은 하지 마라.
2. 재산은 만석 이상 모으지 마라.
3. 흉년에는 논밭을 사지 마라.
4. 손님을 정성껏 대접하라.
5. 사방 100리 안에 굶어 죽는 사람이 없게 하라.
6. 시집온 며느리는 3년 동안 *무명옷을 입어라.

＊보릿고개 먹을 것이 없어 가장 어려울 때.
＊진사 조선 시대 하급 관리.
＊무명옷 솜에서 뽑은 실로 지은 옷. 사치스럽지 않고 수수한 차림이다.

나눔을 실천한 조선 시대 거상 김만덕

1739년 제주에서 태어난 김만덕은
12살에 고아가 되어 *기녀로 지내다
나중에 *양인으로 신분을 회복했고,
그 뒤 상인이 되어 유통업으로 막대
한 부를 이루었습니다.
제주에 심각한 흉년이 들었을 때,
김만덕은 전 재산을 기부했습니다.
그 소식을 들은 정조는 명예 관직인
'의녀반수'란 벼슬을 내리며 소원을
들어주겠다고 했지요. 그래서 김만덕

제주특별자치도 기념물로 등재되어
있는 김만덕 묘비

은 당시 섬 밖으로 나갈 수 없던 제주 사람이었지만, 한양에서 왕을 만나고 금강산
유람까지 했답니다.

전 재산을 사회에 기부한 유일한

유일한 박사

유일한 박사는 미국에서 사업으로 큰 성공을
거두었지만, 이를 뒤로하고 1926년에 귀국해
서 유한양행이라는 회사를 설립했습니다.
국민 건강에 도움이 되는 제품을 만들고
싶었기 때문이지요.
유 박사는 '기업은 사회의 것'이라는
생각으로 정직하게 기업 활동을 했고,
기업 이윤을 장학 및 교육 사업에 투자했어요.
1936년에는 유한양행을 한국 최초로 *종업원
지주제, 즉 주식회사로 전환했지요.
사망 후 공개된 유언장에는 전 재산을 교육
하는 곳에 기증하라고 적혀 있기까지 해서,
우리 사회의 매우 훌륭한 *귀감이 되었답니다.

*기녀 노래, 춤, 악기 연주 등으로 흥 돋우는 것을 직업으로 하는 여자.
*양인 조선 시대에서 양반과 천민의 중간 신분.
*종업원 지주제 직원에게 회사 주식을 보유하게 하는 것.
*귀감 본받을 만한 모범.

나도 할 수 있다!

국가 경제를 위해 내가 할 수 있는 일이 있을까요? 아래 질문을 따라 하나씩 대답해 본다면, 반짝이는 아이디어가 떠오를지도 몰라요!

① 나랏일에 관심을 갖자

요즘 우리나라에서 어떤 일들이 일어나고 있는지 관심을 가져 보세요. 경제 뉴스를 검색하면, 여러 소식들을 접할 수 있어요. 그중에서 관심이 생긴 사건이 있나요? 있다면 아래에 간단히 적어 보세요.

② 경제 공부를 하자

경제에 대해 잘 아는 것도 중요해요. 경제에 관련된 흥미로운 옛날이야기나 경제 뉴스에 관심을 가져 보세요. 또 경제와 관련된 기본 상식을 쌓는 것도 도움이 돼요. 최근에 여러분이 배운 경제 상식은 무엇인가요?

③ 내 일을 열심히 하자

여러분이 지금 할 수 있는 일을 하는 것도 국가 경제에 큰 도움이 된답니다. 공부나 다양한 활동 모두 열심히 하는 게 좋지요. 요즘 집중하고 있는 공부나 활동이 있나요?

④ 내가 할 수 있는 일을 자유롭게 적어 보아요!

더 넓은 세상으로~!

세상이 까맣게 변했어!

척!

으억!

오늘 운이 영 별로인가 보네.
조심해라, 오하니~

서… 설마.

휙!

오이마켓?
이게 뭐야?

꽤 유명한 벼룩시장이잖아~
신종 바이러스 유행 전엔 사람들이
꽤 많이 모였다고~

중고 거래의 성지

Oi MARKET
오이마켓

신종 바이러스도 막을 수 없다!
이번 주말, 오이마켓에 오셔서
인생템을 건지세요!

맞다. 오늘 임시
국무 회의 있는 날이지?
주제가 뭐야?

침체된 삼다수 나라의
분위기를 바꿀 방법이 있는지,
얘기해 보기로 했어.

오하니 부총리의 제안을
네 글자로 말하면?

공유 경제!

'함께 쓸 수 있는 건 몽땅
나눠 쓴다'는 개념이죠!

물건 공유
내게 필요 없는 물건을
싼값이나, 무료로
나눠 준다.

장소 공유
집이나 창고 등을
빌려주거나 함께
빌려 쓴다.

함께 가진다!

탈것 공유
자동차, 자전거,
오토바이, 퀵보드 등
탈것을 함께 쓴다.

지식 공유
전문적인 정보와
기술을 다른 이들에게
나눠 준다.

하지만 지금은 신종 바이러스 때문에 모이기 힘드니까, 중고 거래도 쉽지 않겠네요….

흐음…

가능할 수도 있어요! 메타버스라는 게 있잖아요~

메타버스…?

BUS

?

메타버스

메타(Meta, 가상 또는 *초월) + 유니버스(Universe, 세계). 가상의 공간에서 현실 세계처럼 사회, 경제, 문화 활동을 할 수 있다. 자신을 대신하는 아바타를 설정해, 실제처럼 학교나 직장을 다니기도 한다. 돈을 버는 경제 활동도 점점 더 많아지고 있다.

사람이 가상 체험을 하는 '가상 현실'보다 업그레이드된 거죠.

가상 세계 안에서 아바타를 활용해 현실 세계처럼 활동하는 곳이니까요.

아하!

현실에서 만나기 힘든 우리한테 딱 필요한 세상이네!

＊초월 어떤 한계나 기준을 뛰어넘음.

우리가 그렇게 엄청난 걸 만들 수 있어요?

할 수 있을 것 같아요! 메타버스를 만드는 서비스도 많고, 도와줄 사람도 알고 있어요!

메타버스 삼다수 마켓

여러 사람의 도움을 받아서, 우리는 메타버스에서 삼다수 마켓을 열었다!

삼다수 마켓, 엄청 멋있다~!

우아~

내가 아끼는 캐릭터 카드야.

희귀 아이템이네! 내 편의점 쿠폰이랑 바꾸자!

오~

메타버스는 우리에게 새로운 세상을 열어 주었다.

완전! 완전! 멋져!!

뿅

이 정도면 대성공이에요~

고생한 보람이 있네~

너무 신기하다….

뭐가?

혼자 있는 걸 좋아하던 내가 슈퍼를 열어서 장사도 해 보고, 수학을 싫어하는데 경매랑 투자도 해 보고….

나서는 걸 싫어하는데, 지금은 부총리가 돼서 국민들 생활을 챙기고 있잖아. 이 모든 게 너무… *이상해!

그런 친구의 절친인 나도 기분이 좀 이상한걸~

며칠 뒤

오하니~ 나랑 잠깐 얘기 좀 해~

또 무슨 이상한 소릴 하려고?

현우, 넌 언제 어디서든 나타난다~

그러지 말고 내 얘기 좀 들어 봐~

뭔데?

뭐, 재밌는 거라도 있어?

아주아주 재밌는 거야!

짠一✻

당신만의 회사를 세워 투자를 받아 보세요!

초등학생 창업 아이디어 대회

참가 자격 : 초등학생 누구나

이런 대회도 있어? 경제란 거… 알면 알수록 신기하네~

그러네~

어때? 관심이 생기나, 오하니 부총리~?

우아~

오호~

✽이상하다 정상과 다르다는 뜻도 있지만, 지금까지의 경험과 다르게 별나거나 색다르다는 뜻도 있음.

그리고 대회 날이 다가왔다!

우아~

초등학생 창업 아이디어 대회장

저희는 학교생활에서 아주 귀찮은 일 중에 하나인 청소를 대신해 주는 업체를 창업하려 합니다.

수요가 확실히 있겠네요. 근데 저 사진은 누구 사물함 이에요?

투 자 자

제 사물함인데요~

당 당

음…, 본인 사물함 관리도 안 되는 것 같은데, 어떻게 믿고 투자할 수 있을까요? 전 모르겠네요.

저희는 교실에서 책을 대여해 주는 업체를 창업할 생각입니다.

도서 대여

책은 학교 도서관에서 빌리면 되는데, 굳이 돈을 내고 이용할 고객이 있을까요? 그건 생각해 보셨나요?

앗! 미처 그 생각은….

도서 대여

앗!

투자받기 힘들겠네요….

절 레 절 레

143

저희 마트는 교실에서 먹기 힘든 아이스크림을 판매할 예정입니다. 아이스크림뿐 아니라 핫초코 등 계절상품을 갖출 예정입니다.

수요가 확실하게 있겠네요. 쿠폰을 준다는 마케팅 계획도 있네요?

네~ 매주 무료 쿠폰을 지급하는 뽑기를 진행해서 관심을 끌 생각입니다.

투자하고 싶은 아이템이네요~

좋아 보여요~

투 자 자

짝
짝
짝
짝
짝
짝

다들 아이디어가 엄청나⋯. 투자자들 질문도 날카롭고⋯. 내가 발표를 잘할 수 있을까⋯?

걱정할 필요 하나도 없어~

으이구~

오하니~ 이제 우리 차례야~ 나갈 준비해!

헉!

턱

144

다양한 형태의 경제 활동

공유 경제, 메타버스 경제 활동은 비교적 최근에 등장한 경제 활동 형태예요.
사람들 사이에서 물건을 사고파는 기존의 경제 활동과 다르기 때문에, 현대 경제 활동이
다양해지고 있음을 보여 주는 사례라고 할 수 있어요.

소유하지 않아도 누리는 공유 경제

공유 경제는 물건 하나를
한 사람만 소유하고 이용
하는 게 아니에요. 여럿이
나눠 사용하거나 빌리는
등 협력해서 소비하는 경제
활동이지요. 2008년 하버드
대학교의 로런스 레식 교수
가 구체적으로 소개한 개념

으로, 상품을 사고팔아 이익을 얻는 기존의 상업 경제와 구별하기 위해 쓰기 시작했어요.

시대가 요구하는 공유 경제

공유 경제는 2000년 후반 세계 금융 위기 속에서
등장했어요. 저성장, 취업난, 가계 소득
저하 등 경제적 혼란이 심해지자, 과소비를 줄이
고 합리적인 소비 생활을 하자는 인식이
확산되었거든요.
공유 경제는 특히 자원 낭비와 환경 오염을
줄일 수 있는 대안으로 여겨져요. 예를 들면,
자동차를 모두 한 대씩 가지고 있는 것보다
자동차 한 대를 여럿이 공유해서 사용하는 것이
자원 낭비를 막고 환경 오염도 줄일 수 있으니까
요. 소비자 입장에선 자동차 한 대를 구입하는

것보다 비용을 훨씬 적게 쓰게 되고요. 이런 장점 덕분에, 다양한 공유 경제 서비스가 계속
생겨나고 있어요.

가상 공간에서 이뤄지는 경제 활동

가상 공간인 메타버스에서도 실제처럼 다양한 경제 활동이 이루어져요. 메타버스는 특히 사람들이 만나기 어려웠던 코로나19 시기에 더욱 관심을 끌었어요. 또 시공간의 제약이 적어서, 새로운 수익을 창출할 기회로 여겨지기도 해요.

가상 부동산을 구매하고 임대할 수 있어요.

게임을 개발하거나 운영해서 이익을 거둘 수 있어요.

게임 아이템이나 아바타의 패션 아이템 등을 제작해 판매할 수 있어요.

콘텐츠를 제작하거나 제공해서 수익을 낼 수 있어요.

메타버스 안에서는 가상 화폐를 써요. 가상 화폐는 국가가 아닌 화폐 개발자가 온라인 네트워크상에서 발행해 온오프라인에서 거래 수단으로 사용돼요. 즉, 가상 화폐는 실물 없이 디지털 기기 안에 정보 형태로 남아 있는 화폐예요.

오호~ 나도 메타버스에서 아바타 옷을 제작해서 팔아 볼까?

하니야~ 완전 귀여울 것 같아! 난 찬성!!

경제 용어 빈칸 채우기

다음은 민희가 쓴 기사 제목들이에요. 제목의 빈칸에 어울리는 경제 용어는 무엇일까요?
아래 〈보기〉에서 알맞은 용어를 찾아보세요.

단독 특종

소유보다는 공유!
○○ ○○ 마켓 개최

힌트 서로 돕고 나누는
경제 활동 맛보기

단독 특종

삼다수 대통령의
○○ 사건 전격 해부!

힌트 대통령이 과자를
몰래 먹은 사건

단독 특종

신규 상품 출시!
물건 분실 ○○

힌트 물건을 잃어버려도
마음이 든든해요!

단독 특종

○○ ○○, 삼다수 경제에
따스한 바람이 되다

힌트 국가적 경제 위기 속에서
오랜만에 활기를 되찾다!

보기

공유 경제, 긴급 지원, 횡령, 보험

평소에 내 기사를
잘 읽어 보았다면,
이 정도는 식은 죽
먹기지!

최고의 경제 박사를 찾아라!

대통령이 질문한 내용에 가장 알맞게 예측한 국민은 누구일까요?
아래 대답을 잘 읽어 보고, 한 명을 골라 표시해 주세요.

삼다수 나라의 부동산값을
자유롭게 정할 수 있다면,
부동산값은 어떻게 변할까요?

요즘 자리를 거래하고 싶어 하는 국민이
많아졌어요. 곧 부동산값이 떨어질 거예요.

국민 한 명이 전학을 갔지만, 곧바로 다른
한 명이 전학을 왔어요. 그러니 값은 그대로
유지될 거예요.

경제 상황이 안 좋아서 다들 절약하고
있어요. 부동산 수요가 줄었으니, 값이
떨어질 것 같아요.

경제 용어 선 긋기 게임

다음은 삼다수 나라에서 새롭게 배운 경제 용어들이에요. 이 용어들을 제대로 설명하는 삼다수 국민은 누구일까요? 용어와 그에 알맞은 설명을 이어 보세요.

가상 화폐 ●	●	실업자에게 보험금을 지급해 지원하는 보험이지! 내가 실업했을 때, 큰 도움이 됐어!
노블레스 오블리주 ●	●	금융 거래를 할 땐, 반드시 자신의 실제 이름으로 해야 하는 제도야! 꼭 지켜야 한다고~
금융 실명제 ●	●	사회를 위한 봉사와 기부를 명예롭게 생각하는 정신을 뜻하는 말이지.
고용 보험 ●	●	실물 없이, 네트워크로 연결된 가상 공간에서 존재하는 화폐야.

정답

경제 용어 빈칸 채우기

단독 특종

소유보다는 공유!
공유 경제 마켓 개최

단독 특종

삼다수 대통령의
횡령 사건 전격 해부!

단독 특종

신규 상품 출시!
물건 분실 보험

단독 특종

긴급 지원, 삼다수 경제에
따스한 바람이 되다

최고의 경제 박사를 찾아라!

경제 상황이 안 좋아서 다들 절약하고 있어요. 부동산 수요가 줄었으니, 값이 많아질 것 같아요.

남다름 의견이 틀린 이유

자리를 거래하고 싶은 국민이 많아지면, 부동산값이 올라요. 한정된 공급에 비해 수요가 많아지는 것이기 때문이지요.

이나래 의견이 틀린 이유

부동산값에 영향을 미치는 것은 전체 국민의 수가 아니라, 그 자리를 원하는 국민이 많고 적음에 달려 있어요.

경제 용어 선 긋기 게임

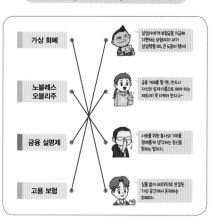

151

이미지 출처

64쪽 달러 배경_pexels
78쪽 베스파시아누스 황제(shakko), 표트르 대제(Paul Delaroche)_Wikimedia commons
79쪽 감자칩(Rainer_Zenz)_Wikimedia commons
93쪽 대공황(SSA)_Wikimedia commons
130쪽 한옥 배경_pxhere
131쪽 김만덕 묘비(한국학중앙연구원), 유일한 박사(AhnKyungHoon)_Wikimedia commons

1판 1쇄 인쇄 2024년 12월 12일
1판 1쇄 발행 2024년 12월 27일

기획 및 감수 옥효진
글 최재훈 | **그림** 안병현

펴낸이 이필성, 차병곤
사업리드 김경림 | **기획개발** 김영주, 서동선, 윤지윤
영업마케팅 오하나, 김민경, 서승아, 문유지
표지 로고 디자인 최윤정 | **표지 및 본문 디자인** 씨엘 | **편집** 정숙영

펴낸곳 ㈜샌드박스네트워크 샌드박스스토리 키즈
등록 2019년 9월 24일 제2021-000012호
주소 서울특별시 용산구 서빙고로 17, 30층(한강로3가)
홈페이지 www.sandbox.co.kr
메일 sandboxstory@sandbox.co.kr
전화 02-6324-2292

©세금 내는 아이들(옥효진). All Rights Reserved.

ISBN 979-11-92504-49-0 74320
ISBN 979-11-978538-4-5 (세트)

• 제조사명 : ㈜샌드박스네트워크
• 주소 : 서울특별시 용산구 서빙고로 17, 30층(한강로3가)
• 제조연월 : 2024년 12월
• 제조국명 : 대한민국
• 사용연령 : 3세 이상 어린이 제품